행복한 아이를 만드는 열두 걸음

What All Children Want Their Parents to Know
by Diana Loomans with Julia Godoy

Copyright ⓒ 2005 by Diana Loomans with Julia Godoy originally published in the USA by HJ Kramer inc.
P.O. Box 1082, Tiburon, CA 94920.
All rights reserved.
Korean Translation Copyright ⓒ 2008 by Jisungsa Publishing Co.
This Korean edition was published by arrangement with HJ Kramer through Eastern Insight Agency, Seoul, Korea.

이 책의 한국어판 저작권은 이스턴인사이트 에이전시를 통해 HJ Kramer와 독점 계약한 지성사에 있습니다. 저작권법에 의해 한국 내에서 보호를 받는 저작물이므로 무단 전재와 무단 복제를 금합니다.

" What All Children Want Their Parents to Know "

모든 아이들이 부모에게 원하는 것

행복한 아이를 만드는 열두 걸음

다이애나 루먼스 · 줄리아 고도이 지음 | 이덕열 옮김

지성사

모든 아이들이 부모에게 원하는 것
행복한 아이를 만드는 열두 걸음

초판 2쇄 발행일 2022년 4월 27일
초판 1쇄 발행일 2008년 10월 17일

지은이   다이애나 루먼스 · 줄리아 고도이
옮긴이   이덕열
펴낸이   이원중

펴낸곳 지성사 **출판등록일** 1993년 12월 9일 **등록번호** 제10-916호
주소 (03458) 서울시 은평구 진흥로 68, 2층
전화 (02) 335-5494 **팩스** (02) 335-5496
홈페이지 www.jisungsa.co.kr **이메일** jisungsa@hanmail.net

ⓒ 지성사 2008

ISBN 978-89-7889-175-2 (03370)

잘못된 책은 바꾸어드립니다. 책값은 뒤표지에 있습니다.

이 도서의 국립중앙도서관 출판시도서목록(CIP)은 e-CIP 홈페이지(http://www.nl.go.kr/ecip)에서 이용하실 수 있습니다.
(CIP제어번호: CIP2008003039)

이 책을
이 땅에 살고 있는 모든 고귀한 어린이들에게
그리고 그들을 사랑하는 헌신적인 어머니, 아버지들에게 바친다.

추천사

이 책에는 노심초사하며 어찌 할 줄 모르는 어머니, 아버지들이 새겨두어야 할 지혜들과 참고 자료들이 가득 차 있다. 자식을 다섯 둔 아버지로서 나는 여기에서 설명하는 방법들이 효과 있다고 증언할 수 있다.

육아는 세계 제1의 건강 문제이다. 생명을 위협하는 질병에 시달리는 환자들의 상담을 받는 의사로서, 나는 사랑받고 자란 사람들이 의외로 많지 않다는 것을 알게 되었다. 나는 모든 부모들이 이 책을 읽고 이 책에 나온 지혜들을 실천하면서 사랑으로 아이들을 키운다면 이 세계에서 전쟁이 사라질 것이라고 믿는다. 사랑받지 못한 사람들은 부모들로부터 받지 못한 사랑의 감정과 친밀감을, 갖가지 탐닉을 통해 찾으려고 한다. 그들은 삶의 신념이 아니라 죽음의 신념으로 성장한다.

부모가 애완동물에게 잘하듯 자녀들을 대한다면 아이들은 더욱 건강하고 행복해질 것이다. 의심스럽거든 자문해보라. "애정에 찬 할아버지, 할머니라면 어떻게 하겠는가?"라고.

우리가 자식children을 갖고 우리의 자식이 우리의 손자 손녀grandchildren를 갖고, 그들이 또 우리의 증손great grandchildren을 갖는 것은 우연이 아니다. 차이점은 성숙의 정도와, 그리고 때가 되면 우리에게 찾아오는 무조건적으로 사랑하는 능력이다.

부모는 자식에게 육체적 및 정신적인 유전자를 제공한다. 이 책은 자식에게 최고의 정신적 유전자를 주고 그들이 오랫동안 건강하게 사는 데 도움을 줄 것이다. 자신의 가족 경험과 비극은 이제 과거의 일로 묻어야 한다. 나는 모든 부모가 이 책을 읽고, 이 책 속에 알기 쉽고 실제적으로 서술된 지혜들을 익히기를 바란다.

나는 자식들로부터 많은 것을 배운다. 내가 화가 났을 때, 지금은 변호사가 된 아들은 이렇게 말하곤 했다.

"저를 때리고 싶으면 때리세요. 하지만 그렇게 하면 저보다 아버지한테 더 큰 상처가 될 거예요."

그리고 손바닥으로 아이 엉덩이 정도는 때릴 수 있다는 나의 생각을 영원히 지우게 만든 그 녀석이 다시 말했다.

"만약 저를 때리면 경찰을 부르겠어요. 저도 어엿한 사람이에요."

헬렌 켈러는 청각 장애가 시각 장애보다 훨씬 캄캄하다고 말했다. 자녀들의 말을 들어주고 가정을 화목하게 하라. 아이가 자기애와 자기 수용의 마음가짐을 갖고 자란다면 그 아이의 부모는 행복한 아이를 낳은 것이고, 행복한 아이는 성공이다.

버니 시겔 박사 *Dr. Bernie Siegel*

머리말

아이들 입장에서 부모가 정말로 알았으면 좋겠다고 생각하는 것은 무엇일까? 그리고 아이가 어엿한 성인으로 성장하는 데 필요한 것은 무엇일까? 아이들이 마음에 있는 말을 할 수 있다면 자신한테 누구보다도 큰 영향을 미치는 부모에게 무슨 말을 하고 싶을까?

이 책은 이 중대한 질문을 다룬다. 무엇보다도 아이의 눈높이에서. 이 책은 「아이들이 부모에게 원하는 열두 가지」라는 시를 바탕으로, 행복하고 책임감 있으며 충만한 아이로 키우는 열두 가지 요점을 제시한다. 내 딸과 나는 아이들의 집단적인 목소리를 대표하고, 아이들이 그들의 생활에서 가장 의미 있는 자리를 차지하는 어른들이 알아주면 좋겠다고 생각한 욕망을 표현하기 위해 이 시를 썼다.

각 장은 시의 한 연에 배당하여 저마다 생활하기에 바쁜 가족을 염두에 두고 고안한 아이디어와 실제 사례들을 서술했으며, 각 장 끝에는 몇 가지 실천 방안을 실었다. 대부분의 부모들에겐 자식에게 최고를 주고 싶다는 깊은 욕망이 있고, 아이들에게는 사용 설명서가 딸려오지 않기 때문에, 이 책은 아이들에게 가장 필요한 것을 주기 위한 실제적인 지침을 한 번에 한 가지씩 제공한다. 이 책을 한 장 한 장 주의 깊게 읽고 제시된 실천 방안을 실행하며, 뒤에 나오는 시의 전문을 인쇄하여 매일 보는 곳에 붙여두길 바란다.

시간을 내서 이 책을 읽는다면 정말 중요한 것에 집중하고 조금 더 특별한 순간들을 만들 마음이 생길 것이다. 아이의 소중한 기억들 가운데 많은 것은 이런 사소하면서도 장엄한 순간에 일어난다.

다이애나 루먼스 *Diana Loomans*와

그녀의 딸 줄리아 고도이 *Julia Godoy*

차례

추천사 · 6
머리말 · 8
아이들이 부모에게 원하는 열두 가지 · 14

01 솔선수범을 통해 가르쳐라 · 17
먼저 자신을 돌보아라 · 18
말한 것을 실천하고, 실천한 것을 말해라 · 20
내키는 대로 해라 · 23
역할 모델 목록을 작성해라 · 26
실천 방안 · 28
아이들이 보내는 메시지-솔선수범을 통한 가르침에 대해 · 29

02 일상적으로 대화해라 · 30
양은 은이고 질은 금이다 · 33
양적인 시간을 질적인 시간으로 바꾸어라 · 35
기억에 남을 만한 순간들을 더 많이 만들어라 · 37
지금이 우리가 갖고 있는 모든 것이다 · 38
실천 방안 · 42
아이들이 보내는 메시지- 유대 깊은 교류의 시간에 대해 · 43

03 진지하게 들어주어라 · 44
진실한 듣기는 드물다 · 45
듣는 둥 마는 둥 증세 극복하기 · 46
진정한 들어주기로 가는 4단계 · 48
판단 없이 들어라 · 51
모든 사람에겐 마음을 털어놓을 상대가 필요하다 · 53
실천 방안 · 56
아이들이 보내는 메시지- 진정한 들어주기의 가치에 대해 · 58

04 웃음과 놀이, 애정을 나누어라 • 59

'웃는 습관'을 들여라 • 61
접촉과 애정의 의미 • 62
지나친 진지함의 대가 • 65
일상의 순간들을 조금 더 장엄하게! • 68
상처를 주는 유머가 아니라 치료해주는 유머를 써라 • 70
역경 속에서도 밝고 명랑한 태도를 잃지 마라 • 71
실천 방안 • 76
아이들이 보내는 메시지- 놀이와 애정에 대해 • 77

05 인정하고 감사해라 • 78

인정, 감사, 경외의 3A를 실행해라 • 79
보잘것없는 감사란 없다 • 80
자기가 잘하는 것을 포착해라 • 82
다른 사람이 잘하는 것을 포착해라 • 85
해야 할 인정과 하지 말아야 할 인정 • 88
상황을 변화시키는 인정의 힘 • 90
실천 방안 • 94
아이들이 보내는 메시지- 인정의 힘에 대해 • 95

06 긍정적인 훈련을 정중하게 사용해라 • 96

건강하고 일관된 환경을 나타내는 열두 가지 표시 • 98
건강하지 않고 일관되지 못한 환경을 나타내는 열두 가지 표시 • 99
지나친 자유의 해악 • 101
건강한 자기 수양은 반드시 필요한 덕목이다 • 104
친절한 태도로 잘못된 행동을 바로잡아주어라 • 106
건설적인 방법으로 나쁜 행동을 제어해라 • 107
처벌 대신 자연스러운 결과를 이용해라 • 111
반발하지 말고 대응해라 • 114
실천 방안 • 119
아이들이 보내는 메시지- 친절한 교육에 대해 • 120

07 성장할 기회, 그리고 실수할 기회를 주어라 • 121

실수도 배움의 일부이다 • 122
사과의 치료 효과 • 125
몇 마디 유머는 잘못을 쉽게 인정하게 한다 • 126
곤경에 빠진 사람에게 도움의 손길을 뻗쳐라 • 128
어마어마한 완벽주의의 대가 • 131
실수에서 취할 점을 찾아라 • 133
독립적인 사고를 장려해라 • 136
실천 방안 • 139
아이들이 보내는 메시지- 성장할 수 있는 기회에 대해 • 140

08 평생 배우는 모습을 보여주어라 • 141

늘 배움에 정진해라 • 142
가족이 함께 새로운 것을 배워라 • 145
지능의 일곱 가지 영역에 대해 배워라 • 148
지능의 열두 가지 도구 • 151
대기만성의 위인들로부터 배우는 교훈 • 154
꿈을 좇는 데 늦은 법은 없다 • 157
실천 방안 • 162
아이들이 보내는 메시지- 중단 없는 배움에 대해 • 163

09 자신의 가치를 지켜라 • 164

모든 것은 정직함에서 비롯된다 • 165
자신의 최고 가치를 지켜라 • 173
바르게 생활해라 • 176
정기적으로 바름을 점검해라 • 182
인생의 가장 가치 있는 교훈들을 공유해라 • 184
실천 방안 • 186
아이들이 보내는 메시지- 가치와 바름에 대해 • 187

10 이로운 사람이 되어라 · 188

보람된 일을 선택하여 변화를 모색해라 · 191
봉사를 가로막는 생각을 극복해라 · 195
자신과 다른 사람들의 장점을 발견해라 · 197
아이에게 봉사를 통한 리더십을 보여주어라 · 199
얼마나 베풀 수 있느냐에 초점을 맞추어라 · 202
실천 방안 · 204
아이들이 보내는 메시지 - 베풂의 가치에 대해 · 205

11 믿음을 갖고 낙관적인 태도를 유지해라 · 206

믿음은 우리의 가장 큰 자원이다 · 207
모든 사람에게는 믿어주는 사람이 필요하다 · 210
믿음은 힘을 주고, 변화를 주며, 지켜준다 · 215
믿어주었을 때 발휘되는 힘 · 219
건강한 낙관의 실행 · 222
비관주의의 위험 · 226
비관주의자 vs 낙관주의자 · 228
실천 방안 · 231
아이들이 보내는 메시지 - 믿음과 낙관주의에 대해 · 232

12 조건 없는 사랑을 베풀어라 · 233

사랑의 속도로 살아라 · 237
사랑의 편지가 일으키는 기적 · 239
사랑하는 것을 자주 떠올려라 · 244
아이 사랑은 인생의 궁극적인 선물이다 · 246
사랑은 비극을 더욱 큰 사랑으로 변모시킨다 · 248
실천 방안 · 252
아이들이 보내는 메시지 - 사랑의 힘에 대해 · 254

| 아이들이 부모에게 원하는 열두 가지 |

솔선수범을 통해 가르쳐주세요,
자기 자신을 사랑하고 배려하라고.
우리는 부모님의 모든 행동을 보고 배우면서
자기 자신을 잘 돌볼 수 있게 될 거예요.

자주 알려주세요,
우리의 존재 자체가 기쁨이라는 것을.
우리가 특별한 존재라는 것을 알고
다른 사람들도 똑같이 느끼도록 도울 거예요.

공감하며 들어주세요,
편견 없이 사랑하는 마음으로.
우리의 말을 들어주고 우리를 지켜봐주는 것을 알고
우리 역시 잘 들어주는 사람이 될 거예요.

자주 웃고 놀아주세요,
날마다 다정하게.
우리는 하루하루를 신나고 즐겁게 살면서
다른 사람들에게 더 많은 기쁨을 가져다줄 거예요.

자주 인정해주세요,
잘했을 때는 말로써.
우리가 가치 있음을 알고
다른 사람들을 인정하는 법을 배울 거예요.

자제하도록 가르쳐주세요,
친절하게 바로잡아주면서.
우리는 자존심과 긍지를 갖고
품위 있게 살아갈 거예요.

너그럽게 봐주세요,
실수도 하고 견해를 가지며 자랄 수 있도록.
우리는 자기 자신의 분별력을 믿으며
홀로 설 수 있는 사람이 될 거예요.

계속 열정을 잃지 마세요,
꿈을 좇고 배우는 일에.
우리도 부모님의 열정에 자극받아
똑같이 하겠다며 고취될 거예요.

정직하고 진실한 태도를 보여주세요,
가치 있는 삶을 추구하면서.
우리도 부모님의 경험에서 배우며
바르게 자랄 거예요.

도움 되는 사람이 되라고 가르쳐주세요,
다른 사람과의 차이를 존중하면서.
우리는 관용의 정신을 배우며
세상 모두를 껴안을 거예요.

잘 되어가는 것에 초점을 맞춰주세요,
어려운 시기에도 신념을 지키며.
우리는 날마다 감사하며
희망을 보는 법을 배울 거예요.

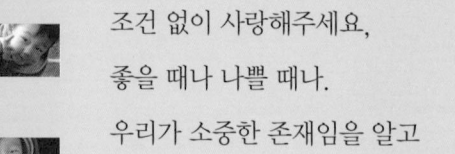

조건 없이 사랑해주세요,
좋을 때나 나쁠 때나.
우리가 소중한 존재임을 알고
세상에 더 많은 사랑을 가져다줄 거예요.

01 솔선수범을 통해 가르쳐라

솔선수범을 통해 가르쳐주세요.
자기 자신을 사랑하고 배려하라고.
우리는 부모님의 모든 행동을 보고 배우면서
자기 자신을 잘 돌볼 수 있게 될 거예요.

부모라면 누구나 소중한 자식을 건강하고 행복하게 키우고 싶어 한다. 이를 위해 대부분의 부모는 돈을 아끼지 않으며, 좋은 가정을 만들고 건강을 지켜주고 좋은 학교에 보내고 재미있는 장난감을 사주고 과외 학습을 시키기 위해 열심히 일한다. 이것들은 모두 자식의 삶의 질과 안녕에 중요한 역할을 한다. 하지만 그것이 모든 아이들 마음속에 있는 깊은 열망을 실현시켜주지는 못한다. 아이들이 바라는 것은 부모가 자기를 잘 돌봐주고 있음을 느끼는 것 그리고 재미와 행복을 경험하는 것이다.

   아이들은 본능적으로 아는 것 같다. 행복하고 안정된 어른이 스트레스를 받고 일에 치여 있는 어른보다도, 나누어줄 수 있는 즐거움과 관심과 정력과 사랑을 더 많이 가지고 있다는 것을. 비행기의 산소마스크 사용법에 나오는 말이 여기에도 아주 잘 맞는다. 자기가 먼저 산소를 충분히 들이마신 어른만이 자기에게 목숨을 의존하고 있는 어린이를 구할 수 있다.

먼저 자신을 돌보아라

"무엇보다도 자신을 공경해라."
_ 피타고라스

나이를 불문하고 모든 아이들에게 모범적인 본보기가 되기 위한 첫 번째이자 가장 중요한 방법은 건강과 지속적인 자기 돌보기이다. 부모는 때때로 아이가 먼저라는 이유로 늘 자기가 원하는 것보다 자식이 원하는 것을 우선시하는 습관에 빠지기 쉽다. 분명히 이것이 옳을 때가 있다. 이를테면 아기가 한밤중에 고열에 시달릴 경우에는 모든 신경을 아기의 상태에 집중하는 것이 당연하다. 그리고 생일이나 졸업 또는 공연 같은 특별한 사건이 있을 때에는 모든 사람들이 자연스럽게 그날의 주인공인 아이에게 초점을 맞춰야 할 것이다. 하지만 보통 때라면 어느 정도의 자기 돌보기가 정신을 잃지 않기 위한 산소와 같다는 것을 인식하고, 자신의 일상적인 생활에 상당한 주의를 기울이는 것이 좀 더 현실에 도움이 된다. 그런 자세를 유지할 때 어른은 덜 과민하게 반응하며 통찰력 있고 우아하게 대응하는 차분한 어른으로 변모한다.

내가 초등학생일 때 자식을 넷 가진 우리 어머니는 의사로부터 건강을 위해 수영을 해보라는 권고를 받았다. 어머니는 처음에 수영 시간을 언제로 잡아야 할지 몰라 머리를 싸매고 고민했다. 더욱이 우리 집에는 차가 한 대뿐이었고 걸어 다닐 만한 거리에는 수영장이 없었다.

하지만 재주는 적을지 몰라도 결단력 하나는 확실했던 어머니는 본인의 건강을 챙기고 '자기 돌보기 먼저'라는 개념의 본보기가 될 만한 계획을 생각해냈다. 어머니는 집에서 가까운 고등학교를 찾아가 여학생들의 체육 교사와 상담을 했다. 어머니는 그 교사에게 신입생들을 위한 초보자 수영 교실에 자신을 받아줄 용의가 있는지 과감하게 물었다. 우리 어머니를 어떻게 해야 할지 판단이 서지 않았던 그 교사는 학교 당국에 알아보고 나서 연락을 주겠다고 말했다. 며칠 뒤에 어머니는 수영 교실에 들어와도 좋다는 연락을 받고 뛸 듯이 기뻐했다. 어머니는 초보자 수영 교실 사상 최고령 신입생이 되었다.

하지만 수영은 어머니에게 만만한 운동이 아니었다. 어머니는 어렸을 적부터 단 한 번도 수영을 배워본 적이 없었기 때문이다. 나는 어머니가 물속에 머리를 담갔다가 빼고, 이 새로운 도전에서 이기려고 가쁜 숨을 몰아쉬고, 크롤 영법의 리듬을 익히기 위해 목욕탕 욕조에서 사투를 벌이며 푸푸 숨을 내뱉던 모습을 지금도 기억하고 있다. 나는 어머니가 처음으로 정식 대회 규모의 수영장에서 크롤 수영에 성공하고 집에 돌아왔던 날을 절대로 잊지 못할 것이다. 어머니는 내가 그때까지 보아왔던 그 긴 기간 동안 한 번도 본 적 없었던 성취감으로 충만해 있었다.

어머니는 그 이후로도 오랫동안 고등학교 수영장에서 수영하면서 자기 돌보기를 실천했다. 어머니는 수영을 꽤 잘하게 되어 당신 말대로 "나 같은 겁쟁이들"을 가르치기 시작했다. 그것은 일주일에 며칠은 우리가 집에 돌아왔을 때 어머니가 집에 없다는 것을 뜻했지만, 어머니의 결정은 결국 우리 가족에게도 플러스 요인이 되었다. 어머니가 기분이 한껏 좋아져서 활기차게 집으로 돌아왔기 때문이었다.

나의 딸 줄리아는 '할매'와 함께 고등학교 수영장으로 걸어가서 인어라도 된 양 둘이 같이 수영을 즐겼던 즐거운 추억을 간직하고 있다. 줄리아는 자기가 평생 수영을 좋아하게 된 까닭이 바로 할머니가 수영을 즐거운 모험으로 만들어준 그 어린 시절 덕분이라고 생각한다. 우리 어머니의 단순한 자기 돌보기가 기나긴 세월 동안 가족 전체에 얼마나 큰 영향을 미쳤던가!

조금만 자기 돌보기에 신경 쓰면 부모인 자신에게 그리고 가족 전체에 꽤 많은 균형감과 안정감을 가져다줄 수 있다. 어떤 사람은 매일매일 명상을 통해 자기 돌보기를 실행하고, 어떤 사람은 간단한 산책이나 이른 아침의 운동으로 그날의 컨디션을 조절하기도 한다. 또한 5분 이내의 짧은 시간을 투자하여 그날의 계획을 세우면 장기적으로 훨씬 더 많은 시간을 절약하게 된다는 것은 많은 사람들의 경험이다.

스스로 생각해볼 주요 질문은 "하루 동안 긍정적인 에너지를 공급할 원천으로서 나에게 필요한 것은 무엇인가?"이다. 어떻게 하루를 보낼 것인지 정하는 데 5분만 투자해도 또는 몇 가지 요가 자세를 취하기만 해도 그 대가는 어마어마하다.

―

말한 것을 실천하고, 실천한 것을 말해라

"당신이라는 존재가 내 귀에 너무도 크게 소리 쳐서 당신이 말하는 것을 들을 수 없다."

_ 랠프 월도 에머슨

행동 없는 말은 거의 아무런 영향도 발휘하지 못한다. 하지만 살아 있는 본보기가 뒷받침하는 말은 평생 지속될 수 있는 믿음이나 습관을 만드는 힘을 갖고 있다. 마하트마 간디는 자기가 설교한 것을 실천하는 것이 얼마나 중요한지 이해하고 있었다. 그는 스스로 자기 가르침의 산 본보기가 되기 위해 최선을 다했다. 언젠가 삶에 지친 어머니가 어린아이를 데리고 간디를 찾아왔다. 그녀는 간디에게 인사하며 간청했다.

"마하트마, 제발 제 아이에게 설탕을 너무 많이 먹지 말라고 타일러주세요."

"사흘 뒤에 그 아이를 다시 데리고 오십시오."

간디는 그 말뿐이었다. 그 여인과 아이는 어리둥절한 표정으로 떠났지만 어쨌든 정확하게 사흘 뒤에 다시 왔다. 그들을 다시 본 간디는, 그 여인으로서는 어이없게도, 아이의 눈을 쳐다보면서 간단히 말했다.

"설탕을 먹지 마라."

"고맙습니다만, 마하트마. 그 정도 말이라면 사흘 전에 해도 되지 않았나요?"

그 여인이 물었다.

"아니요, 부인. 사흘 전에는 내가 설탕을 끊지 않고 있었습니다."

간디는 싱긋 웃으면서 말했다. 그 여인에게는 이런 절차가 이해되지 않았을지 모르지만, 간디는 지속적인 효과를 갖기 위해서는 직접 경험으로부터 우러나오는 말이 중요하다는 것을 이해하고 있었다.

나쁜 본보기도 좋은 본보기 못지않게 큰 영향을 미친다. 폭력, 알코올 중독, 우울, 비만, 마약 중독, 분노, 욕, 비난, 편애, 무시 등으로 황폐화된 가정에서 자라는 아이들은 성장하면서 똑같은 문제와 싸울 가능성이 훨씬 더 높다. 음식 중독자와 함께 사는 아이가 어떻게 체중 문제를 일으키지 않기를 바랄 수 있는가? 마약에 찌들어 사는 가족이 있는 십대 청소년 가운데 마약 남용을 피해갈 수 있는 사람이 얼마나 될까? 수년 동안 비난과 욕설에 시달려 자기 비하에 젖은 성인들 가운데 꿈이나 잠재력이라고 할 만한 것을 품을 사람이 얼마나 되겠는가?

"나는 그렇게 못하지만 너는 잘해라."

이 말은 거의 효과가 없다. 아이는 대부분의 경우 말보다는 눈으로 본 것을 따라 한다. 불행하게도 아이들에게는 나쁜 본보기가 강력한 영향력을 행사한다. 아이들은 그런 행동의 좋지 않은 결말을 보면서도 따라 한다. 교도소에 수감되어 있는 사람들 가운데 75퍼센트는 가족 가운데 한 명 이상이 수감된 적이 있는 것으로 드러났다.

나쁜 본보기가 아이에게 미치는 영향을 잘 보여주는 사례가 있다. 서른세 살 먹은 내 오랜 친구 스티븐은 무장 강도 혐의로 12년을 선고받고 감옥 생활을 했다. 그는 열다섯 살 때 집에서 도망쳐 나와 마침내 체포되기까지 5년이 넘게 주유소나 편의점 등을 털었다.

"체포되었을 때 나는 차라리 마음이 편안했어. 왜냐하면 체포는 단지 시간문제임을 알고 있었거든. 아버지와 몇몇 삼촌들도 감옥에 드나들었지. 나는 이미 알고 있었던 것보다 훨씬 더 많이 범죄 생활에 길들여져 있었던 것 같아."

하지만 다행스럽게도, 비슷한 기간 동안 복역했던 그의 아버지가 감옥에 있는 아들을 돕기 위해 찾아왔다.

"아버지가 감옥에 있는 나를 면회하려고 처음 나타났던 때가 내 일생의 전환점이었지. 나는 열세 번째 생일 뒤로는 아버지를 본 적이 없었어. 아버지는 내가 가출하기 전에 감옥에 들어가셨지."

스티븐이 무슨 말을 하기 전에 그의 아버지가 말을 꺼냈다.

"아들아, 내가 너를 꾸짖기 위해 여기에 온 것은 아니다. 누군가 비난을 받아야 한다면 그것은 바로 나야. 나는 좋은 아버지가 아니기 때문이지. 나는 너를 돕기 위해 왔다. 지금은 이 고리를 끊어야 할 때야."

그들은 모든 장막이 걷히는 순간을 함께 나누었고, 스티븐은 처음으로 아버지 뺨에 흐르는 눈물을 보았다. 그때부터 수형 기간이 끝날 때까지 스티븐의 아버지는 한 달에 두 번씩 그를 면회 왔다. 스티븐은 아버지의 도움으로 검정고시에 합격하고 수형 기간 동안 컴퓨터 공학 준학사 학위를 땄다.

어른의 선택과 행동이 그 자식에게 평생 영향을 미친다는 것은 의심할 나위 없는 사실이다. 우리는 강점을 갖고 있는 분야에서는 자식이나 세상에 긍정적인 기여를 한다. 하지만 우리가 약한 분야라 할지라도 변화를 주기에 너무 늦은 법이란 없다.

내키는 대로 해라

"꿈꾸는 방향으로 자신 있게 나아가라.
상상했던 삶을 살아라."
_ 헨리 데이비드 소로

너무나 많은 성인들이 '해야 하는' 업무를 위해 '하고 싶은' 일들을 무시함으로써 가슴 깊은 곳의 욕망을 억누른다. 인생 코치로서 나는 성인들이 스스로 강요하는 여러 가지 방법을 보아왔다.

"춤을 배우러 다니고 싶지만 아이들과 더 많은 시간을 보내야 해요."

대체 두 가지를 병행하지 못할 까닭이 무엇인가?

"라디오 방송 일을 좋아해요. 하지만 안정적인 지금 일을 계속 해야 해요. 지겹지만 말이에요."

조금씩 그쪽 일을 해보는 것은 어떤가?

"전망 좋은 집에서 살면 좋겠습니다. 하지만 대출금이 남아 있어서 아직은 비좁은 이 집에서 계속 살아야 합니다."

이사 가기 위해 금융 상담을 받지 못할 까닭이 있는가?

"휴가를 가고 싶어요. 하지만 투자한 금융 상품에 돈을 써야 해요."

조금 더 시간이 걸릴지 모르지만 두 가지를 모두 하는 것은 어떤가? 시간이 지나면 '해야 한다'가 날뛰면서 우리를 흥분으로 가득 차거나 정열을 불사르는 일 없는 지루한 일상에 가둬버릴 것이다.

이런 모습들이 우리 아이들에게 어떤 영향을 미칠까? 해야 한다로 꽉 찬 생활은 '우리가 진정으로 원하는 것은 가질 수 없다', '우리는 그럴 가치가 없다', '꿈이란 나와 상관없는 다른 사람들의 이야기이다', '무엇보다 안전이 제일이다' 따위의 메시지를 보낸다. 수년 전 애리조나에서 주말 모험을 하면서 나는 길고 모험적인 날의 마지막에 친구들과 모닥불 앞에 앉아 있었다. 나는 곧잘 자극하는 질문을 하기를 즐겼으므로 그날도 그런 질문을 했다.

"만약 시간, 돈 그리고 책임이 더 이상 목표가 아니라면, 당신들은 지금 당장 무슨 일을 하겠어요? 그리고 그 이유는요?"

아이부터 어른까지 여러 사람들이 쏟아놓은 대답들은 재미있고 매혹적인 것들이었다. 그런데 열한 살 먹은 아들 옆에 앉아 있던 삼십대 독신 여성은 다른 사람들이 이야기하는 동안 초탈한 표정으로 모닥불을 바라보면서 아주 조용히 앉아 있었다. 나는 그녀를 지켜보다가 마침내 마음속에 있는 말을 털어놓아 보라고 말했다.

"나는 내 바람이 얼마나 불가능한 것인지 생각하고 있었어요."

그녀는 한숨을 내쉬며 말했다.

"어떻게 그렇게 확신할 수 있죠?"

나는 그녀에게 도전적으로 물었다.

"그래요, 엄마."

그녀의 아들도 끼어들었다.

"무슨 일인지 우리한테 말해보세요. 그러면 그것이 얼마나 불가능한지 우리도 생각해볼게요."

조금 더 설득하자 그녀는 마침내 속마음을 드러냈다. 그녀는 소규모 청소대행업체를 운영하고 있었는데 그 일을 무척이나 싫어했다. 그녀는 와이오밍으로 가서 승마 학교를 열고 싶어 했다. 교육, 말, 전원생활 등은 그녀가 관심을 갖고 있는 분야였다.

곧 거기에 있는 모든 사람들이 그 이야기에 동참하여, 그녀의 꿈이 단순한 공상이 아니라 치밀하게 계획을 짜기만 하면 얼마든지 실현할 수 있는 것임을 깨우치려는 데 도움을 주는 갖가지 묘안들을 이야기했다. 5년이 지난 지금, 그녀는 와이오밍의 한 목장에서 말 몇 마리를 가지고 승마를 가르치면서 성공적인 생활을 하고 있다. 그녀의 아들도 현지의 목장 몇 군데에서 일꾼으로 일하면서 만족스럽게 생활하고 있다.

5년 전에 모닥불 옆에서 우연히 주고받은 말 몇 마디가 이 여인의 인생 항로를 바꾸었다. 일단 과감하게 꿈을 꾸고, 도와줄 만한 사람들에게 그 꿈을 표현하자 그녀는 말릴 수 없게 되었다. 그녀의 아들은 다람쥐 쳇바퀴 돌듯 지루했던 삶에 지쳐버린 여인에서 꿈을 좇는 활기 넘치는 여인으로 변해가는 어머니의 모습을 지켜보았다. 그녀의 아들이 활기찬 어머니의 영향을 받은 결과 그 스스로 어떤 야망을 갖게 되었는지 궁금할 따름이다.

역할 모델 목록을 작성해라

"집에서 기르던 앵무새를 동네 수다쟁이에게
팔아도 부끄럽지 않을 생활을 해라."
_ 윌 로저스

현재의 사고방식과 생활방식이 자녀들에게 어떤 영향을 미치고 있는지 한 걸음 물러서서 생각하는 사람이 과연 얼마나 될까? 알베르트 슈바이처는 모범을 보이는 것이 훨씬 뛰어난 교육 방법이라고 확신하여 다음과 같이 단언하기까지 했다.

"모범을 보이는 것이 유일한 진짜 교육이다."

내가 여러 가족들을 대상으로 실시하는 '은둔의 주말' 프로그램에서 하고 있는 가장 강력한 실천 방안 가운데 하나는 '역할 모델 목록'이다. 이것의 발단은 한 용감한 아버지가 성인이 된 아들에게 던진 질문이었다. 아버지는 아들에게 "내가 너를 키우면서 가장 모범적인 본보기가 되었던 것이 무엇이니? 그리고 내 행동 가운데 너에게 가장 좋지 않았던 모델이 된 것은 무엇이니? 모범적인 사례와 좋지 않은 사례는 각각 너한테 얼마나 큰 영향을 미쳤니?"라고 대놓고 물었던 것이다. 그의 아들은 조금 망설이다가 이내 솔직한 질문에 마음이 움직여 속내를 털어놓았다.

"아버지가 한 일 가운데 저한테 가장 모범이 되었던 것은 거의 모든 것에 신선하고 현명한 통찰력을 보여주셨던 점이에요. 제가 어떤 문제나 관심사를 말씀드릴 때마다 아버지께서는 최고의 해결책을 찾을 수 있도록 도와주셨어요. 또한 아버지는 다른 사람들이라면 세속적인 이해관계를 찾거나 불가항력이라고 여겼을 많은 일들에 대해서도 위대한 통찰력을 보여주셨어요. 아버지의 영향이 몇 번이나 저 스스로 옳은 결정을 하도록 도와주었는지 몰라요. 그 횟수를 꼽자면 헤아릴 수조차 없답니다. 덕분에 저는 지금 훨씬 희망에 차 있고, 아이디어가 넘치며, 창조적인 사람이 되었지요."

그는 잠시 말을 멈추고 생각에 잠겼다가 말을 이었다.

"아버지가 저에게 보여주셨던 가장 나쁜 행동은 늘 다음 수준, 다시 말해서 아버지의 현재 위치가 아닌 다른 어떤 곳에 있기를 원하며 자신을 다그치는 것이었어요. 그 때문에 아버지는 스스로 불만족스럽고 흔히 안절부절 못하는 태도를 보이셨죠. 저는 현재 내 모습이 괜찮은지 돌아보면서 평화와 만족을 발견하기 위해 많이 싸워왔어요. 아버지, 저한테는 아버지가 지금 그대로의 삶에 만족하고 행복한 모습을 보는 것보다 더 좋은 것이 없었어요! 아버지가 늘 '조금 더' 하면서 많은 것을 놓치는 것을 보면 슬펐답니다."

이 아버지는 마음을 아주 굳게 먹고 아들에게 그런 용감한 질문을 했고, 아들 역시 용기를 내어 정직하게 대답했다. 그들 부자는 그것이 일찍이 해보았던 이야기들 가운데 최고였다고 느꼈다. 이 오십대의 아버지는 이제 현재 상황으로도 충분하다는 것을 알고 아들과 좀 더 많은 시간을 함께할 것을 다짐하며 현재 자신의 위치에 감사하고 있다.

다음의 실천 방안은 이 장에서 다루었던 가장 중요한 개념 가운데 몇 가지를 실행에 옮기는 데 도움을 줄 것이다.

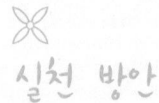
실천 방안

1. 자기 돌보기 점검

스스로에게 다음의 질문을 던져보자. 5분이건 50분이건 일상적인 자기 돌보기 방법으로 가장 도움이 되는 것은 무엇인가? (예를 들면 하루 계획 수립, 기도, 독서, 일기 쓰기, 명상, 목표 점검, 시각화 훈련, 스트레칭, 운동 등)

경제적으로나 시간적으로 여유가 있을 때 최고의 자기 돌보기라고 생각하는 것은 무엇인가? (예를 들면 마사지, 은둔의 주말, 온천 여행, 오후의 산림욕, 일요일의 늦은 아침 식사 등)

2. 역할 모델 목록

자기 어머니, 아버지가 본보기를 통해 가르쳤던 최고의 것들과 최악의 것들을 적어보자. 한편으로 자기가 본보기가 되어 아이들에게 가르쳤던 것들 가운데 아주 좋았던 가르침이 무엇이었는지(만약 아이가 여럿이라면 대답은 다양할 수도 있을 것이다), 아주 나빴던 것이 무엇이었는지 아이들에게 질문해보자.

만약 아이들이 그런 질문에 대답하기에 너무 어리다면 다른 가족 구성원이나 친구에게 질문하여 솔직한 답변을 들어보자. 이를 통해 아이들의 눈에 비친 자신의 생활방식을 깊이 살펴보아 긍정적인 것을 받아들이고, 아직 시간이 있을 때 부정적인 것을 변화시킬 수 있다.

아이들이 보내는 메시지
"솔선수범을 통한 가르침에 대해"

사랑하는 엄마, 아빠.
두 분이 살아가는 방식은
우리에게 엄청난 영향을 미칩니다.

두 분이 자신의 욕구를 무시할 때
우리는 하찮은 자존심을 배운답니다.
두 분이 자신의 안녕에 신경 쓸 때
우리는 자애를 배운답니다.

두 분이 약속을 어길 때
우리는 언행 불일치를 배운답니다.
두 분이 말씀대로 행동할 때
우리는 철저한 실천을 배운답니다.

그러니 부디 자신을 돌보세요.
그리고 우리 삶의 좋은 본보기가 되어주세요.
두 분이 우리에게 가르치신 대로 살아가실 때
우리도 자라서 똑같은 일을 할 테니까요.

02 일상적으로 대화해라

자주 알려주세요,
우리의 존재 자체가 기쁨이라는 것을.
우리가 특별한 존재라는 것을 알고
다른 사람들도 똑같이 느끼도록 도울 거예요.

탈무드에는 다음과 같은 말이 있다.
 "풀 잎사귀마다 천사가 있어서 몸을 굽혀 '자라라, 자라라' 라고 속삭인다."
 사람이 이 세상에 보낼 수 있는 가장 의미 있는 기여 가운데 하나는 어떤 한 아이를 위하여 그런 천사가 되는 것이다. 아이들의 존재에서 즐거움을 찾고 그들의 모든 발걸음에 격려하며 그들과 함께 자주 시간을 보내라. 자식을 만끽해라. 만끽한다는 것은 다른 존재에 대하여 깊은 만족감을 얻는다는 뜻으로, 소중히 여기는 마음으로 가슴이 부풀어 오르는 것을 느끼는 것이다.
 육아 워크숍에서 나는 어떤 참가자를 설득하여, 어렸을 적에 자기를 이 세상에서 가장 중요한 아이라고 느끼게 해준 작은할아버지에 대한 감동적인 기억을 털어놓게 했다. 그녀는 클라이드 할아버지를 '만끽의 대가' 라고 생각했으며 그에 대해 다음과 같이 다정하게 말했다.

작은할아버지는 나이가 55세쯤 되는 놀라운 사람이었답니다. 할아버지의 마음은 영원히 청춘이었으며 내가 알고 있었던 누구보다도 작은 일에 기쁨을 느끼는 사람이었죠. 할아버지는 아주 간단하고 친절한 방법으로 나를 놀래주기를 좋아했어요. 할아버지가 사용한 방법 중에는 자연에서 얻은 선물을 주는 경우가 많았지요.

어느 날 작은할아버지는 내게 다가오자마자 등 뒤에 숨겼던 가지 하나를 조심스럽게 내밀었습니다. 놀랍게도 그 나뭇가지 끝에는 온통 털 투성이에 가장자리가 울퉁불퉁한 커다란 초록색 벌레가 있었죠.

"이 벌레는 살아 있는 기적이야. 얼마 안 있으면 아름다운 나비가 되어 하늘을 훨훨 날아다니거든!"

할아버지는 나에게 그 나뭇가지를 주시더니 한참 동안 나를 빤히 쳐다보셨죠. 내가 기다리다 못해 왜 그러시냐고 물었더니 이렇게 대답하셨습니다.

"아름다운 나비가 되기 전의 고요한 시기를 보내고 있는 너를 쳐다보고 있는 중이란다."

나는 얼굴만 붉히고 아무 말도 못했지만 할아버지가 생각하신 것 이상으로 할아버지의 말을 받아들였답니다.

내가 작은할아버지에게 말을 하거나 이야기를 들려드릴 때마다 할아버지는 놀랍다는 듯 머리를 옆으로 살짝 기울이거나 한숨을 쉬거나 혹은 그러잖아도 큰 눈을 더욱 크게 뜨곤 했습니다. 그 모습을 보고 나는 이따금 말을 멈추고 크게 웃음을 터뜨리기도 했죠. 할아버지 앞에서 나는 조금 더 크게 말하고 조금 더 확신에 차고 자신감 있게 나 자신을 표현했습니다. 나는 그렇게 열심히 들어주는 관중이 있다는 것에 뿌듯한 기분을 느끼며 노래했습니다! 때때로 나는 작은할아버지에게 들려주고 싶은 이야기를 미리 연습하기도 했어요. 할아버지가 어떻게 손뼉을 치고 어떻게 건강한 웃음을 터뜨릴지 예상하면서 말이에요. 나는 늘 작은 할아버지 곁에 있고 싶었습니다.

클라이드 할아버지와 관련하여 가장 좋은 것은 마치 내가 작은할아버지 평생 최고의 기적인 것처럼 느끼게 하는 능력이었습니다. 내가 할아버지 앞에서 하는 모든 움직임은 마술 같았답니다. 할아버지와 함께 있을 때 나는 내 자신이 넓디넓은 이 세상에서 가장 매력적인 아이임에 틀림없다는 것을 조금도 의심하지 않았습니다! 나는 이 세상 모든 아이들이 자기가 최고의 보물로 여겨지는 경험을 하기를 바랍니다. 모든 사람들이 이런 주목을 받는다면 이 세상에는 아마 행복하고 자신감 넘치는 사람들만 존재할 테니까요.

클라이드 할아버지는 내가 스물한 살이 되던 해에 돌아가셨습니다. 돌아가시기 직전에 할아버지는 자기 장례식을 축하 행사로 꾸미겠다는 약속을 나한테 받아내셨죠. 할아버지는 조용히 나를 일깨워주셨습니다.

"나는 정말로 죽는 게 아니란다. 그저 인생을 졸업할 뿐이지!"

약속을 지키기 위해 나는 장례식이 끝날 무렵 아름답고 커다란 황제나비 한 마리와 형형색색의 풍선 한 다발을 날려 보냈습니다. 무엇보다 나는 클라이드 할아버지가 저쪽 어딘가에서 큰 한숨을 쉬며 놀란 표정으로 우리 모두를 지켜보고 있다는 것을 알고 있었답니다.

그녀가 할아버지에 대한 감동적인 이야기를 끝내고 난 뒤 나는 100명이 넘는 강의실 안 사람들에게 과연 여러분 가운데 몇 명이나 이런 식으로 소중히 여김을 받았는지 물었다. 열 명이 손을 들었다. 나는 그들 소수의 행운아들에게 그런 경험을 부모로부터 받은 사람은 얼마나 되는지 물었다. 그 가운데 다섯 명이 손을 들었다.

다음에 나는 여러분 가운데 어머니와 아버지 모두로부터 이런 경험을 한 사람은 몇 명이냐고 물었다. 딱 한 명이 손을 들었다. 그 뜻밖의 결과에 너나 할 것 없이 놀라는 소리가 강의실 전체로 퍼져나갔다. 우리는 모두 일순간 침묵에 빠졌다. 소중히 여김을 받으면서 자란 사람이 너무나 드물다는 사실에 충격을 받은 것이다. 100명도 넘는 사람들이 모인 강의실에서 오직 한 사람만이 값으로 따질 수 없을 만큼 귀중한 선물인 어머니, 아버지의 지극한 사랑을 경험했다.

아이에게 자기를 그렇게 사랑하는 어른이 한 명 이상 있다는 것은 말로 표현하기 힘든 즐거움이다. 그리고 아이들이 영혼의 자양분 같은 이런 즐거움을 겪어보지 못한다는 것은 얼마나 큰 손실인가. 아이로 하여금 자신이 얼마나 특별한 존재인지 알게 해주는 것보다 더 큰 선행은 없다. 건강한 자부심을 갖고 있는 아이는 자라서 다른 사람들을 끔찍이 아낄 것이며, 이제는 그들이 다른 사람들이 특별하고 완전하다고 느끼도록 도울 것이다.

양은 은이고 질은 금이다

"작은 일들…… 작은 순간들……
그들은 작지 않다."
_ 존 카바트 진

자녀들과 함께 많은 시간을 보내지 못하는 것이 짧은 시간 동안 더욱 긴밀하게 지내는 것으로 대체될 수 있는 것은 아니지만, 대부분의 아이들은 뻔한 내용으로 몇 시간씩 함께 보내는 것보다는 한 시간 동안이라도 친절하고 즐겁게 대해주는 것을 더 좋아할 것이다.

우리의 친척 아서는 부인과 이혼한 뒤에야 쌍둥이 두 아들과 함께 시간을 보내는 것이 얼마나 가치 있는 일인가를 깨달은, 피로에 지친 아버지이다. 그는 새로운 사업을 시작하고부터는, 이전에 그랬던 것처럼 매우 바빴다. 일주일에 80시간까지 일하는 경우도 드물지 않았다. 그는 최근에 이사를 하고 재혼을 했으며 새 아이를 가졌다. 그는 더 많은 압력을 받고 있었으나 그의 열두 살짜리 쌍둥이는 그에게 여전히 귀중한 존재였다.

자신의 인생에서 가장 바쁘고 혼란스러운 이 시기에, 아서는 완전히 기진맥진해 보였다. 두 아들과 거의 접촉을 하지 못한 채 몇 달이 후딱 지나가기 시작했다. 아이들은 아빠가 자신들을 사랑한다는 것은 알고 있었지만, 아빠와 더 이상 얘기조차 하기 어려운 이유를 이해하기는 쉽지 않았다. 아이들은 아빠를 존경했으며 자기들과 많은 시간을 같이 지내지 못하는 아빠의 설명을 받아들이려고 노력하기는 했지만, 방치되고 있다는 느낌 그리고 아빠에 대한 상실감과 싸워야 했다. 결국 아이들은 자기들이 무시되고 있다고 느꼈고, 급기야 아빠가 새 일이나 새 가족을 사랑하는 만큼 자기들을 사랑하지 않을지도 모른다는 두려움을 느끼기 시작했다.

아이들의 성적이 떨어지기 시작했고, 학교에서는 말썽꾸러기가 되기 시작했다. 학교의 상담 교사는 세심하게 쌍둥이 아버지에게 몇 가지 제안을 했지만, 과로에 시달리며 늘 피곤에 지친 아서는 자기한테 향하는 온갖 요구들로 파김치가 되어 있었다. 그렇긴 해도 그는 아버지의 빈자리 때문에 아이들의 생활이 몹시 불안정하다는 상담 교사의 말을 듣고 무엇인가 해야 한다는 것을 알게 되었다. 상담 교사는 그에게 아버지의 존재가 아이들의 삶에 엄청난 영향을 미친다는 점 그리고 한 달에 몇 시간이라도 아이들과 함께 지내는 시간은 값으로 따질 수 없을 만큼 귀중하다는 사실을 상기시켜주었다. 이윽고 아서는 한 달에 하루만큼은 아이들과 함께 야외로 나가는 날로 비워놓기로 하고 그날은 업무용 달력에서 아예 지워버렸다. 그는 아이들에게 아버지와 가장 하고 싶은 일이 무엇인지 마음대로 선택하라고 말했다.

아이들이 선택한 것은 대부분 돈이 거의 들지 않았다(전혀 들지 않는 것도 많았다). 공원에서 농구를 하거나 캐치볼 하기, 자전거 타기, 하이킹, 레슬링, 개 데리고 같이 놀기, 영화 구경, 함께 비디오 게임 하기 등이 아이들이 하고 싶은 것들 가운데 우선순위에 꼽히는 것 같았다. 아빠는 아이들과 함께 지내는 동안 친구 관계, 활동 그리고 학교와 집에서의 생활에 대해 물을 수 있었다.

지금은 고등학교에 진학해 잘 생활하고 있는 쌍둥이 형제는 아버지와 함께 살았던 전 생애의 기억보다도 그해 열이틀 동안 부대끼면서 같이 지냈던 순간을 더 많이 기억한다고 말했다. 미국의 가족들 중 절반 이상이 떨어져서 생활하고 있는 상황에서, 가족들과 긴밀한 유대의 시간을 만들어내는 기술은 대단히 중요한 의미를 갖는다. 비록 1년에 12일에 지나지 않지만 그 긴밀한 유대의 날들은 한 아이에게 오랫동안 지속되는 효과를 줄 것이며, 대단히 중요한 의미를 가질 것이다.

양적인 시간을 질적인 시간으로 바꾸어라

"오늘보다 중요한 것은 없다."
_요한 볼프강 폰 괴테

최근 연구에 따르면 대부분의 부모들은 한 명의 자녀와 일주일에 30분쯤 긴밀한 시간을 보낸다고 한다. 이것을 한 달로 환산하면 두 시간, 1년으로 환산하면 24시간이다. 1년이 8,760시간이므로 1년에서 24시간이라면 전체 시간 가운데 약 0.25퍼센트이다. 충분한가?

빨래, 장보기, 식사 준비, 청소, 학교에 데려다주기, 약속, 활동 그리고 숙제 및 집안일 감독 등 대부분의 부모들이 자녀 한 명을 부양하기 위해 일주일에 보내는 시간을 기록해보면 많은 시간이 그저 필요한 일을 하는 데 소비된다는 것을 쉽게 알 수 있다. 모든 부모들이 매주 이렇게 시간과 정력을 아낌없이 바치는 데 대해서는 충분히 평가를 받을 가치가 있다.

하지만 이런 일상적인 일들은 절대로 없어지지 않을 것이므로, 열쇠는 그런 것들의 많은 부분을 기억할 만한 순간으로 변화시키는 것이다. 해답은 이런 일상적인 상황에다 아이가 흥미를 느끼는 것을 무엇이든 포함시키는 것이다. 그러면 일상적인 시간은 긴밀한 교류의 시간으로 바뀐다. 세 살배기 아이라면 누구나 좋아하는 오락(역할 놀이)을 빨래 개기에 혼합한다면 그 아이는 즐거운 마음으로 빨래 개기를 도울 것이다. 여덟 살배기라면 어머니를 따라 기꺼이 장보기에 따라나서서 매장 곳곳에 있는 식품을 고르는 데 도움을 줄 것이다. 특히 도와준 데 대한 특별 선물로 원하는 것을 고를 수 있게 한다면 금상첨화일 것이다.

초등학교 저학년에 접어들면서(어쩌면 그 전이라도) 아이들은 음악 듣기를 좋아한다. 아이들의 음악 및 그들의 세계와 연결 고리를 유지하는 방법으로 함께 차를 타고 가는 동안 가끔씩 아이들의 시디를 틀어주는 것도 좋은 방법이다. 차고를 청소한다거나 그 밖에 밖에서 할 일이 있을 때 잠깐 쉬면서 캐치볼을 한다면 부모와 아이들 모두 하루 가운데 즐겁고 재미있는 순간을 맛볼 수 있을 것이다. 집으로 돌아오는 길에 운전을 가르친다거나 아이들이 좋아하는 가게에 들른다면 대부분의 십대 아이들은 기꺼이 부모가 볼 일 보러 가는 데 따라나설 것이다. 아이들의 관심 사항을 잘 파악하여 긴밀한 유대의 시간을 조금 더 많이 만드는 데 지침으로 삼아라. 나이를 막론하고 모든 아이들이 가장 원하는 것은 자기가 인정받고, 자기 말을 들어주고, 자기를 보아주고, 이해해주고, 서로 교류하는 것이다.

기억에 남을 만한 순간들을
더 많이 만들어라

"영원은 수많은 '지금'들로 이루어져 있다."

_ 에밀리 디킨슨

우리 엄마 다이애나는 아주 특별한 순간을 만드는 방법을 알고 있으며 내가 기억할 수 있는 한 엄마는 그렇게 해왔다. 지금 나는 어른이 되었지만 어머니가 불시에 만들어내는 그런 순간들을 지금도 소중하게 생각한다.

지난주에 나는 어머니와 전화 통화를 하고 있었는데 갑자기 어머니가 내 말을 끊고 말씀하셨다.

"줄리아, 깜박 잊기 전에 너한테 해야 할 말이 있구나. 어저께 너와 안토니(내 남편)와 함께 있을 때 말이다. 난 너희 두 사람 곁에 있다는 사실만으로도 무척 행복했단다. 지금 네 삶에는 중요한 것들이 많이 있단다. 서로의 사랑, 그 결실로 생긴 아기, 새로운 보금자리, 너희 두 사람을 위한 흥미롭고 새로운 사업 계획 등 일일이 열거하기 힘들 정도지. 나는 네가 인생에서 대단히 축복받고 풍요로운 시기에 네 주위에 있는 것들이 너에게 얼마나 힘을 주는지 알기를 바라 마지않는단다."

나는 정말 기습을 당했다. 나는 그날 아침에 산더미 같은 빨래를 하면서 포장 이사를 하지 않은 것을 두고 한탄하는 중이었다. 나는 그 주일에 엄청나게 고생하는 남편을 보면서 미안한 마음 때문에 오히려 스트레스를 받았고, 이사와 임신으로 등 아래쪽의 통증도 느끼고 있었다. 게다가 처리해야 할 일이 밀려 있었고 무엇보다도 잠이 부족했다.

그 순간 내가 할 수 있는 말은 한마디뿐이었다.

"고마워요."

그날 이후로 그 주 내내, 나는 여가 시간에 처리해야 할 일들을 시작할 때마다 어머니의 말을 생각했다. 현재 이루어지고 있는 모든 것이 축복이라는 개념은 나에게 지속적인 영향을 미쳤다. 그것은 나에게 활력을 불어넣어 주고 지금 나의 삶이 훌륭하다는 사실을 깨닫게 해주었다. 나는 그 모든 것을 받아들이고 싶었다. 그리고 집이 아직 완전히 정리되지 않았어도, 빨래가 끝나지 않았어도, 사업 계획이 끝나지 않았어도 나는 마음이 편해질 수 있었다. 어머니가 하고 싶은 말을 하는 데는 60초쯤 걸렸지만 그 말은 며칠, 아니 어쩌면 훨씬 더 오랫동안 영향을 미쳤다.

지금이 우리가 갖고 있는 모든 것이다

> "중요한 것은 눈에 보이지 않는다. 오직 가슴으로 바르게 볼 수 있다."
> _ 앙투안 드 생텍쥐페리

몇 년 전에 사람 좋은 한 친구가 십대의 외동딸을 잃고 말았다. 딸이 여름 캠프에 갔다가 비극적인 사고를 당한 것이다. 그는 수개월 동안 비통한 충격에서 벗어나지 못했고, 그의 말대로 "어느 것 하나 후회되지 않는 것이 없는"

죄책감으로 고통을 받았다. 그는 아직도 그 비통한 심정에서 벗어나지 못하고 있다.

그의 후회는 너무도 평범한 것이다. 사랑하는 딸 사라와 긴밀한 유대를 맺을 만한 시간을 충분히 보내지 못했다는 것이다. 그는 출장이 잦고 늘 바쁜 사업가였으며, 사라가 열한 살 때 이혼까지 경험했지만 딸과는 매일 매일 살가운 정을 나누지 못했다. 사라가 커가면서부터는 딸을 보지 못하는 때가 때론 몇 주일씩 지속되기도 했다. 비록 그는 딸과의 관계가 좋다고 느꼈고 자주 전화 통화를 하긴 했지만, 지금 그는 딸의 인생에 자신을 훨씬 더 많이 포함시킬 수 있었음을 뒤늦게 깨닫고 있다.

"우리가 16년이라는 짧은 기간 동안만 함께 지낼 수 있다는 것을 미리 알았더라면 상황은 많이 달라졌을 것입니다. 나는 일을 적게 하는 한이 있더라도 딸아이와 더 많은 시간을 보냈을 테죠. 중요한 일들에 대해 더 많이 이야기하고 딸의 자리를 더욱 많이 차지하고, 딸에 대한 내 감정을 더 많이 이야기했을 것입니다."

그의 말을 들으면서 나는 '지금이 우리가 갖고 있는 모든 것'이라는 생각이 떠올랐다. 우리가 확신할 수 있는 유일한 순간은 바로 지금 이 순간이다. 과거는 지나갔고 미래는 아직 일어나지 않았다. 나는 사라를 추억하고 친구를 위로하고자 다음의 시를 썼다. 이 시는 여러 회보와 잡지에 실렸다. 나는 이 시가 인생의 길을 걸어가는 모든 가족들에게, 지금이 바로 해야 할 말을 할 시간이라는 사실을 깨우쳐주기를 기대한다. 지금은 사랑, 가족 그리고 함께 시간을 보내는 즐거움이라는 행운을 바로 인식하고 향유할 수 있는 최고의 기회이다.

기억

네가 두 살 때
내 대학 시험지에 온통 크레용칠을 했던 걸 기억하니?
내가 혼내면 네가 울 줄 알았는데
너는 그러지 않았어.

네가 여섯 살 때
내가 야근 때문에 네 학예회에 가지 못한 걸 기억하니?
네가 나한테 골이 나 있을 줄 알았는데
너는 그러지 않았어.

네가 열한 살 때
내가 "나와 네 엄마는 너를 무척 사랑하지만
우리는 더 이상 함께 살 수 없다."고 말한 걸 기억하니?
나는 네가 떠나갈 거라고 생각했지만
너는 그러지 않았어.

네가 하지 않은 일은 아주 많이 있어.
나를 힘껏 껴안는 일을 멈추지 않았고
내가 이사 간 뒤에 마음을 닫지도 않았어.
내가 멋진 생일카드를 손수 만드는 일을
멈추게 하지도 않았지.
그리고 너는 나를 사랑하기를 멈추지 않았어.

그리고 많은 것들이 있었지.

내가 너를 위해서 해야 할 일,

네게 소홀했던 것을 메워야 할 일이 말이야.

네가 열여섯 살이 되던 해 여름 캠프에서 돌아오면

내가 해야 할 일들이.

하지만 너는

돌아오지 않았어.

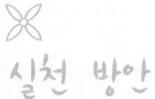
실천 방안

1. 당장 아이들과 깊은 유대의 시간을 가질 계획을 짜라.

앞으로 열두 달 동안 한 달에 하루씩 아이와 함께 시간을 보낼 날짜들을 달력에 표시해라. 그 시간을 사업상의 약속이나 병원 진료 약속만큼이나 중요하게 생각해라. 긴급 상황이 벌어지지 않은 한 그 날짜를 변경시키지 않음으로써 아이가 그 특별한 시간이 실제로 얼마나 중요한지 알게 해라.

2. 만끽의 대가가 되는 연습을 해라.

당장 오늘, 아이를 만끽하기 위한 시간을 내고 온통 아이에게만 신경을 집중해라. 비록 60초 동안만이라도!

3. 양적인 시간을 질적인 시간으로 바꾸어라.

매주 또는 매일 별 생각 없이 일상적인 일을 하면서 보내는 시간이 적지 않으므로 그런 시간들을 즐겁고 의미 있게 만드는 방법들을 될수록 많이 찾아보아라. 노래를 하고, 포옹을 하고, 같이 웃고, 어떤 인물을 흉내 내고, 이야기를 하고, 토론을 하고, 춤을 추고, 끝말잇기나 스무고개 같은 놀이를 하고, 음악을 듣는 등 일상 속에서 기억에 남을 만한, 심지어 멋진 순간들을 만들어보아라.

아이들이 보내는 메시지
"유대 깊은 교류의 시간에 대해"

사랑하는 엄마, 아빠.
두 분이 우리에게 주는 시간과 관심은
우리의 자긍심에 커다란 영향을 미칩니다.

두 분이 우리와 함께하기를 게을리 할 때
우리는 우리 자신을 무의미한 존재로 느낀답니다.
두 분이 우리와 유대 깊은 시간을 보낼 때
우리는 우리가 중요한 사람임을 배운답니다.

두 분이 다른 곳에 관심을 둘 때
우리는 우리가 주목받고 있지 않다고 느낀답니다.
두 분이 우리에게 온통 신경을 집중하고 있을 때
우리는 우리가 가치 있는 사람임을 배운답니다.

그러니 부디 시간을 내서 우리를 쳐다봐주세요.
우리의 행동과 말에 주의를 기울여주세요.
우리는 우리가 특별하다는 것을 알면서 자랄 것입니다.
그리고 다른 사람들에게 더욱 관심을 기울일 것이랍니다.

03 진지하게 들어주어라

공감하며 들어주세요,
편견 없이 사랑하는 마음으로.
우리의 말을 들어주고 우리를 지켜봐주는 것을 알고
우리 역시 잘 들어주는 사람이 될 거예요.

귀 기울여 잘 듣는 일은 힘이 되어주는 친구를 많이 사귀게 하고 일생 동안 지속되는 친분을 쌓게 하는 아주 좋은 특징이다. 듣는 방법을 아는 사람은 곁에 있어주고 관심을 기울여주는, 값으로는 따질 수 없는 선물을 상대에게 준다. 잘 들어주는 사람과 대화를 나누고 나면, 설령 대화의 주제가 어려운 경우라 하더라도 충만감을 느낄 수 있다.

진실한 듣기는 드물다

"우리에게 귀가 둘이고 혀가 하나인 것은
많이 듣고 적게 이야기하라는 신의 섭리일 것이다."
_ 디오게네스

대부분의 사람들은 진정으로 남의 말에 귀를 기울이는 경우가 많지 않으며, 누군가가 잘 들어주면 그 낌새를 느낀다. 어떤 대화든 자세히 관찰해보면 대부분의 사람들은 화제를 자기 자신이나 자신의 관심 사항으로 재빨리 돌린다는 것을 알 수 있다. 어떤 사람이 "나는 지금 기분이 좋지 않다."고 말하면 일반적인 사람들은, 이를테면 "나는 지난주에 감기 기운이 있었는데 3일 동안 몸이 좋지 않았어."라고 대꾸할 것이다. 하지만 만약 잘 듣는 사람이라면 "무슨 일 있어?" 또는 "정말? 언제부터 그랬는데?" 아니면 "기분이 안 좋다니 안됐네. 내가 도울 일 있어?" 정도로 대꾸할 것이다. 잘 듣는 사람은 한 가지 이야기를 계속하면서 더 많은 것을 발견한다.

　아이들은 어른이 자기 말을 정말로 들어주는지 예민하게 알아차린다. 대부분의 아이들에게 그런 일은 매일 일어나는 것이 아니기 때문이다. 지역 보육원 원장인 로라는 정말로 잘 들어주는 천부적인 재능을 타고났다. 그녀는 늘 아이들을 상대하기 때문에 신경을 집중하여 듣는 듯하며 아이들은 모두 그녀를 사랑한다! 그녀는 아이들의 머리를 쓰다듬어주고 손을 잡으며 얼굴을 만져주거나 아이들이 그녀에게 이야기할 때 아이들을 들어올린다. 아이들은 그녀에게 끌리며 150센티미터 남짓한 그녀의 체격이 마치 거대한 참나무나 되는 듯 마구 올라간다! 아이들은 새로 생긴 동생 이야기에서부터 지난밤에 풍선껌이 자기 머리에 달라붙었다는 시시콜콜한 이야기까지 그녀에게 죄다 털어놓는다.

로라는 아이들이 하는 이야기 하나하나에 생동감 있게 반응하며 극적인 표현으로 아이들이 더 많이 이야기하도록 유도한다.

"여동생이 하나 생겼다고? 그 아기는 틀림없이 잠을 쿨쿨 많이 잘걸?"

그녀는 자는 아기를 조심스럽게 안는 몸짓을 하며 말할 것이다.

"지난밤에 오렌지 풍선껌을 머리에 붙였어?"

그러고 나선 이런 식으로 덧붙일 것이다.

"그래? 그럼 짜잔 형을 불러서 머리를 잘라달라고 해야겠구나."

아이들이 실제 이야기든 꾸며낸 이야기든 그녀에게 이야기하는 데에는 아무런 장애가 없으며, 아이들은 틈만 나면 그녀 주위에 몰려들어 자기가 겪은 최근의 멋진 모험 이야기를 들려줄 기회를 기다린다.

듣는 둥 마는 둥 증세 극복하기

"진정한 들어주기는 행동으로 표현하는 사랑이다."

_M. 스콧 펙

진정한 들어주기가 드물기 때문에, 사람들은 흔히 상대방의 말을 듣기는 하면서도 진정으로 귀를 기울이지는 않는다. 어른은 생각할 일이 많기 때문에 무시무시한 '듣는 둥 마는 둥 증세'에 시달릴 수 있다. 이 증세는 기껏해야 부분적으로만 상대의 말에 신경을 쓸 수 있게 한다. 첫돌을 넘긴 모든 아기들은 듣는 둥 마는 둥 증세의 징후들을 알아차린다. 건성으로 듣는 사람은 처음에 긴장한 표정이었다가 점점 산만해지고 이윽고 먼 곳을 보는 듯하며 무슨 이야기를 하든 대답이 기계적으로 된다. 이를테면 "음음.", "지금은 안

돼.", "엄마가 바쁜 게 안 보이니?" 등이다.

아이가 어른을 듣는 둥 마는 둥 증세에서 벗어나게 할 수 있는 방법이 전혀 없다는 것을 알아차리면 예외 없이 불만이 증가하며, 필요한 주목을 받기 위해 흔히 고집스럽게 되거나 엉뚱한 행동을 한다. 우리 딸 줄리아가 아주 어렸을 때는 내가 자기 말을 진정으로 듣지 않을 때면 언제나 나를 굴복시키는 전략을 개발했다. 줄리아는 내가 어쩔 수 없이 자기 눈높이에 맞춰 몸을 굽힐 때까지 내 다리를 결연하게 잡아당기곤 했다. 그 다음에는 손을 오므려 내 얼굴 한쪽에 대고 말했다.

"이제 엄마를 볼 수 있어."

줄리아의 진짜 말뜻은 '이제 엄마가 나를 볼 수 있어'였으며 줄리아는 다른 모든 아이들과 마찬가지로 자기를 보아주고 자기 말을 들어주기를 간절히 바랐다.

사십대 중반의 어떤 남자는 자기 어머니의 죽음을 크나큰 슬픔으로 맞아야 했다. 어머니와 가깝게 지내지 않았으며 어머니가 죽기 전까지 수년 동안 병을 앓았던 탓에 그에게는 어머니의 죽음이 느닷없이 다가왔던 것이다. 그는 자신이 영원한 슬픔의 샘 같은 것에 빠진 이유를 이해하기까지 힘든 세월을 보냈다.

"내가 결국 깨달은 것은 지난 46년의 세월 동안 어머니가 진정으로 내 말을 들어주었다고 느낀 적이 없다는 것이었습니다. 어머니는 나와 이야기하는 것이 아니라 나에게 이야기했습니다. 그리고 어머니는 만성적으로 우울했기 때문에, 내게 이야기할 때 나를 쳐다보기보다는 힐끗 보았다는 편이 맞았습니다."

그는 어머니가 진정으로 자기 앞에 있었던 때를 거의 기억하지 못한다. 지금 그를 힘들게 하는 것은, 그동안 자주 꿈꾸던 어머니와의 대화를 이젠 영영 경험할 수 없게 되었다는 점이다. 그는 어머니가 자기와 대화하면서 그의 생각에 관심을 나타내고 그의 농담에 웃거나, 아니면 자식을 봐서 억지로라도 대화하기를 간절히 바랐다. 그는 어머니가 이제 가셨다는 사실 그리고 어머니는 그가 바라는 방식으로 그를 보거나 그를 알지 못했다는 사실에 직면해야 했다. 슬프게도 그는 자기도 어머니를 진정으로 알지 못했다고 느꼈다. 어머니의 장례식 날 저녁에 그는 밤새도록 한잠도 자지 못하고 아내의 팔에 안겨 울면서 중얼거렸다.

"나는 어머니를 전혀 몰랐어……, 그리고 어머니도 나를 전혀 몰랐고."

그것은 그에게 해결할 수 없는 상실감을 안겨주었지만, 시간이 지나면서 그는 그 덕분에 한 가지 확신을 갖게 되었다. 무척이나 사랑했지만 전혀 알지는 못했던 어머니를 기억하면서 그는 자기가 가장 좋아하는 사람들에게 조금 더 자신을 드러내며, 만나는 모든 사람들의 말을 조금 더 잘 들어주어야 한다고 확신하게 되었다.

진정한 들어주기로 가는 4단계

"잘 들어주는 사람은
소중히 간직해야 할 귀중한 사람이다."
_ 달라이 라마

우리가 열 살이 될 때쯤 이를테면 '듣기 101'이라는 과정을 밟고, 초등학교 6학년이 끝날 때쯤 '고급 듣기 기술'이라는 과정을 밟았다면 인생을 얼마나 더 잘 준비했을지 생각해보라.

우리 대부분은 듣기 기술을 반쯤만 배운다. 대단히 운이 좋다면 스스로 본보기가 되어 듣기 기술을 전파하는 누군가로부터 배울 것이다. 다른 사람들의 말에 의식적으로 귀를 기울일 수 있는 아이는 아주 드물다. 그리고 무조건 반사적으로 대응하기보다 갈등을 겪는 상대방의 입장에서 들어보도록 훈련된 아이들은 더 드물다.

많은 아이들이 훈련이나 지시를 받을 때 잘 듣기라는 중요한 기술을 충분히 교육받지 못하고 있다. 변명하지 않고 진지하게 듣는 단순한 행동 하나만으로 막을 수 있는 크고 작은 수많은 인간적 시련들을 상상해보라. 나는 모든 연령대의 사람들이 진정한 듣기라는 아주 중요한 기술을 개발할 수 있도록 돕기 위해 다음과 같은 4단계 공식을 만들어냈다. 이 공식은 가정, 교실 또는 사업적인 경우를 포함하여 어떤 만남에서도 사용할 수 있다.

· 1단계 : 충분히 듣는다. 말하는 사람에게 관심을 집중해라. 상대의 눈에서 시선을 떼지 말고 호의와 관심을 보여주면서, 열린 마음으로 상대가 하는 말을 듣는다. 가장 중요한 것은, 어떤 종류의 판단도 배제하면서 듣는 것이다. 그렇게 하면 편안한 분위기를 조성하는 데 도움이 되며 그것은 다시 매력적인 대화를 촉진한다.

· 2단계 : 반박하지 않고 듣는다. 진정한 듣기의 2단계는 일반적으로 가장 어렵다. 상대가 어떤 사상, 어떤 인식, 어떤 의견을 드러내더라도 그가 이야기하는 동안 조용히 있는 것이다. 그런 자세는 상대방이 점점 더 많은 것을 드러내고 점점 더 깊은 대화로 옮겨가도록 자극할 것이다. 나중을 위해 어떤 평가나 제안들을 삼가고 상대방이 요청할 때에만 말을 한다. 무슨 말이라도 해야 할 상황이라면 "더 자세히 말해주세요." 또는 "그 다음에 어떻게 되었죠?"와 같이 상대방이 더 많은 말을 하게 하는 단어들을 사용해라.

· 3단계 : 상대방이 한 말을 되풀이해라. 이 정도쯤의 단계에 왔을 때 대부분의 사람들이 많이 저지르는 실수는, 하나의 이야기로 그치지 못하고 그 자리에서 문제를 해결하려고 하거나 자기 생각이나 경험을 이야기하려고 한다는 것이다. 그렇게 하기보다는 자기가 정말로 이해했다는 것을 보여주기 위해 상대방이 말한 것을 되풀이해라. "그러니까 그것에 대해서 정말로 화가 났다는 거지요?" 아니면 "그에 대해서 기분이 무척 좋았던 모양이군요." 등의 방법으로 대꾸하는 것이다. 상대의 말을 되풀이하는 이 간단한 행동은 자신의 느낌과 욕구의 상당 부분을 상대방이 경청하고 있고 이해하고 있다는 생각이 들게 한다.

· 4단계 : 의견을 말하기보다 질문을 해라. 말하는 사람이 상대방으로부터 반응을 듣기를 원할 때가 있다. 그때 줄 수 있는 가장 가치 있는 반응은 의견을 개진하는 것보다는 질문을 하는 것이다. "학교로 돌아가는 것에 대해 어떻게 생각하세요?"는 "나는 당신이 학교로 돌아가야 한다고 생각합니다."보다 훨씬 더 가치 있다.

질문은 상대방의 선택을 존중하면서 여러 가지 가능성을 열어두는 의미가 있다. 어떤 의견을 표명하도록 압력을 받는 경우에도 그것을 질문의 형태로 할 수 있다. 이를테면 "오늘 밤에는 집에 있는 게 어떨까요?" 또는 "당신이 그녀에게 사과하는 것은 어떤가요?" 하는 식이다.

소크라테스는 질문이 다른 사람들을 가르치는 뛰어난 방법이라고 확신했다. 그는 질문하기를 자기 철학의 기본으로 삼았다. 제자가 인생의 의미에 대해 질문하면 그는 대답을 주기보다는 질문으로 응답했다.

"너는 인생의 의미가 무엇이라고 생각하느냐?"

소크라테스는 질문으로 대답을 대신하면 배우는 사람이 기발한 대답을 생각할 여지를 주고, 값으로 따질 수 없을 만큼 귀중한 자신감을 얻을 수 있다는 것을 알고 있었다.

판단 없이 들어라

> "나는 판단을 배제하고 주의 깊게 들음으로써
> 아주 많은 것을 배운다."
> _ 어니스트 헤밍웨이

진정한 들어주기는 개인적인 호불호를 배제하고 사물을 다른 사람의 입장에서 볼 때에만 일어날 수 있다. 서른다섯 살의 여성 데이나는 판단 없이 듣는 것의 힘 그리고 그것이 자기 인생의 진로를 어떻게 바꾸었는지에 대해 이야기해주었다. 그녀는 네 살짜리 자식을 데리고 결혼했는데, 결혼 생활 8년 동안 고통받은 시간을 따지면 수년이 될 정도였다.

데이나는 직장에서 한 남자를 만났다. 그에겐 십대에 접어든 아이들이 셋 있었으며 부부관계가 원만하지 못했다. 곧 그들은 서로 강력하게 끌리게 되었다. 그녀는 그 끌림을 처음부터 '통제 불가능'이라고 불렀다. 불안한 마음이 없지 않았지만 그들은 주말을 함께 보내기로 했다.

남자와 주말여행을 떠나기 며칠 전에 데이나는 엄마 집에 잠깐 들렀다. 그녀의 어머니는 그녀에게 뭔가 심란한 일이라도 있느냐고 몇 번이나 되풀이해서 물었다. 그녀는 자기 사생활에 어머니를 끌어들이고 싶지 않아, 아무 일도 없고 모든 일이 잘 되어가고 있다고 말했다. 그녀가 어머니의 집을 나설 때 어머니는 그녀를 오랫동안 껴안은 뒤에 말했다.

"얘야, 힘든 일이 있어서 누군가에게 털어놓고 싶다면 언제든지 찾아오렴."

이 말에 데이나는 결국 무너졌고 울음을 터뜨리고 말았다.

데이나는 어머니 집에 몇 시간 더 머물면서 모든 사실을 털어놓았다.

"나는 어머니가 당황하실 거라고 생각했어요. 왜냐하면 어머니는 독실한 신자였으며 결혼의 신성함을 확고하게 믿는 분이었으니까요."

하지만 그녀의 예상과 달리 어머니는 어떤 의견도 내지 않고 열심히 듣기만 했다. 어머니는 어떤 충고조차 하지 않았다. 그저 손에 턱을 괴고 데이나가 말하는 동안 가끔 고개만 끄덕거릴 뿐이었다.

데이나는 어머니에게 마음속으로는 옳은 선택이 아니라는 것을 알고 있지만 이번 주말여행을 계획대로 해야 할 것 같다고 말했다. 그녀의 어머니는 심정을 이해한다는 표정으로 짧게 말했다.

"너로서는 참으로 이러기도 저러기도 어렵겠다는 생각이 드는구나. 지금 네가 감내해야 할 것들을 나는 잘 이해한단다."

데이나는 자기가 왜 어머니에게 모든 상황을 이야기했는지 도무지 알 수 없어서 당황스러웠다. 그녀는 뜬눈으로 밤을 새우고 나서 그 은밀한 계획을 취소했다.

"어머니가 어떤 판단도 없이 내 이야기를 들어주었기 때문에 나는 거짓된 삶을 살면서 치를 대가를 생각해볼 수 있었고, 결국 내 가족이나 그의 가족에게 그런 일을 하고 싶지 않다는 것을 깨달았습니다. 나는 반대나 비난의 압력 없이 나 자신을 볼 수 있었고, 그 결과 집에서 나를 기다리고 있는 진짜 문제들을 외면하고 단지 기분 전환과 스릴을 추구하고 있는 자신을 볼 수 있었어요."

데이나의 어머니는 데이나에게 다시 선택할 수 있는 자유를 주는, 거울과 같은 역할을 했다. 나중에 데이나의 어머니는 20여 년 전에 자신도 똑같은 선택의 기로에 선 적이 있었다는 이야기로 데이나를 한층 더 놀라게 했다. 딸과 마찬가지로 그녀도 자기 말을 잘 들어줄 수 있는 어떤 선생님을 만난 뒤에 잠재적인 사건으로부터 발을 뗐다고 한다. 결과적으로 데이나는 위기에 처해 있던 결혼 생활을 더 강력한 결합으로 되살릴 수 있었고 이제 사십대를 넘겼다.

데이나는 12년 넘게 결혼 생활을 유지하고 있으며 현재 자신과 남편과의 결합은 이전보다 더욱 강해지고 진실해졌다고 느끼고 있다. 데이나는 필요한 때에 어머니로부터 무조건적인 사랑과 지원을 받지 않았다면 어떻게 되었을까 때때로 생각한다.

모든 사람에겐 마음을 털어놓을 상대가 필요하다

> "잘 들어주는 사람이 되는 데에는 훌륭한 인물이 필요하다."
> _ 캘빈 쿨리지

"사람에게는 심금을 터놓고 이야기할 수 있는 사람이 필요한 법이다."

상담과 관련한 이 현명한 이야기는 로스앤젤레스 카운티에서 십대 비행청소년들을 상담하는 정신과 의사 레베카 밀러가 한 말이다. 그녀는 20년 넘게 마약 및 알코올 중독, 십대 임신, 범죄, 학교 문제, 학습 장애, 성적 학대, 여러 가지 가족 장애와 싸우는 청소년들을 돕고 있다.

각자 배경과 환경이 다르지만, 그녀가 십대 비행청소년들에게서 공통으로 발견하는 특성이 하나 있다. 일반적으로 그들 주변에는 마음을 터놓고 이야기할 수 있는 어른이 없다는 점이다. 그들은 이 세상에 자기 혼자라고 느끼는 경우가 많으며, 삶 속에서 어른들과 거리를 두거나 심지어 적대적인 관계를 맺는다. 많은 경우에 그들은 겉보기에는 아무 문제도 없으며, 아무 문제도 없어 보이는 편모나 편부 또는 부모가 모두 있는 가정에서 자랐다. 이들 십대 청소년들에게는 흔히 '함께 시간을 보내는' 같은 나이의 친구들이 있는데, 그런 친구들은 또래 집단에 소속하려는 그들의 필요성을 충족시킨다. 하지만 그것만으로는 신뢰하고 마음을 터놓을 수 있는, 리더십이나 권위를 가진 인물을 필요로 하는 청소년들의 욕구를 채워주지는 못한다.

이런 공허감이 너무도 광범위하게 퍼져 있어서 '미국의 형제자매' 프로그램과 같은 조직들이 이 전염병을 누그러뜨리기 위해 전국적으로 생겨나고 있다. 레베카는 어떤 연령이든 사람이란 최소한 믿을 수 있는 한 사람에게는 완전히 투명해질 필요가 있다고 확신한다. 그녀는 수년 동안 십대들을 상대하면서 그들이 단절감, 수치심, 자포자기 또는 빈약한 자긍심 등의 느낌에 정비례해서 문제를 일으키는 경향이 있다는 사실을 알게 되었다.

십대 청소년은 억눌릴수록 문제를 일으키고 자신의 상황을 행동으로 표출하는 경향이 강해진다. 아래의 시는 약물 중독 재활 과정에 있는 한 십대 청소년이 자신의 세계에서 자기 말을 들어주고 자신을 이해해주는 의미 있는 사람들이 없다고 느꼈을 때의 절망을 생각하면서 쓴 것이다.

상실

나는 엄마에게 대화가 필요하다고 말했지.
엄마는 바쁘다고 하셨어.
나는 선생님에게 도움이 필요하다고 말했지.
선생님은 나를 관청으로 보냈어.
나는 나에게 문제가 있다고 아빠에게 말했지.

아빠는 나중에 이야기하자고 하셨어.
나는 여자친구에게 힘들다고 말했지.
여자친구는 나에게 안녕이라고 말했어.
나는 친구에게 미칠 지경이라고 말했지.
친구는 나를 데리고 나가 약에 취하게 했어.
나에게는 이야기할 수 있는 사람이 없지.
대신 약에 빠졌어.

    이 시를 쓴 청년은 현재 어려움을 겪고 있는 십대들을 위한 상담을 맡고 있다. 그는 부모들에게 자식들이 보내는 언어 메시지뿐만 아니라 비언어 메시지에도 귀를 기울여야 한다고 충고한다. 그들이 말하는 것뿐만 아니라 그들이 하는 일 또는 하지 않은 일에도 주의를 기울여야 한다는 것이다. 부모가 주의 깊게 보아야 할 비언어 메시지에는 먹는 습관의 변화, 잠자는 패턴의 변화, 침묵, 분노의 표출, 성적이나 가정에서의 학습 태도 변화, 비밀 행동, 무관심, 신경질, 그 밖에 도움을 요청하는 비명일 수도 있는 다른 행동들이 포함된다.
    만약 어떤 아이나 청소년이 가족 구성원에게 이야기할 수 없다면 더 먼 곳에 있는 도움을 받기 위해 손을 뻗칠 수 있을 것이다. 때로는 객관적으로 들어주는 전문 상담원에게 이야기하는 것이 훨씬 더 쉬울 수 있다. 아이의 말과 행동에 관심을 기울이고 진정한 듣기의 4단계를 사용하면 청소년들이 편안하게 배려받고 있다고 느끼게 하는 환경을 만드는 데 도움이 될 것이다. 좋을 때나 어려울 때나 나이를 불문하고 모든 아이들의 말과 행동을 주의 깊게 살펴볼 필요가 있으며, 그렇게 될 때 아이들은 무럭무럭 자라며 앞으로 나아갈 수 있다.

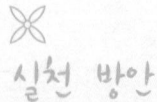
실천 방안

1. 진정한 들어주기 4단계를 자주 실행해라.

4단계 기법을 이용하다 보면 모든 관계에서 그것이 매우 가치 있다는 것을 알게 될 것이다. 일단 4단계가 습관화되도록 암기하는 것부터 시작하자. 아이들과 함께 들어주기 4단계를 하나의 프로젝트로 삼고, 식사하는 동안이나 일하는 동안 실행에 옮겨라. 어떤 의견도 제시하지 않고 듣는 것이 생각처럼 쉽지 않다는 것 그리고 대답 대신 질문하기를 익히려면 시간을 들여 훈련해야 한다는 사실을 알게 될 것이다. 이런 들어주기 방법을 집안에서 새로운 기준으로 만든 다음, 익히고 스스로 교정하면서 서로 놀이하는 마음으로 각각의 단계를 점검하자. 각 단계들을 염두에 두고 연습하고, 연습하고, 연습해라! 모든 인간관계에서 기적 같은 변화를 반드시 경험할 것이다.

2. 안심하고 믿을 수 있는 친구 명단을 만들자.

삶의 모든 것, 그야말로 모든 것을 숨김 없이 나눌 수 있는 사람, 조건 없이 당신을 사랑하고 받아줄 수 있는 사람, 무엇을 털어놓아도 완벽하게 안전한 사람들의 명단을 작성해보자. 아이들에게도 똑같은 일을 시켜보아라. '생존' 하기 위해서는 누구에게나 그런 사람이 최소한 한 명은 필요하며, '성공' 하기 위해서는 최소한 세 명이 필요하다. 이 명단은 사교 목록이나 친구 목록과는 다르며, 위의 조건에 부합되는 전문가나 스승 등이 포함될 수 있을 것이다.

이 목록에 올릴 사람이 한 명도 없다면 자신이나 아이들 또는 둘 다를 위해 안전하고 잘 배려하는 개인이나 집단을 찾아보아라. 어디에서 시작해야 할지 모르겠다면 지원 단체, 종교 단체 또는 회복 단체들을 고려해보아라. 이 단체들은 대부분 무료이며, 많은 곳에서 이 장에서 언급한 아이디어들을 장려한다.

작성한 명단에 이미 고인이 된 정신적 스승이나 가까운 가족 구성원들이 들어 있다면, 따뜻한 피가 흐르고 당신의 언어로 이야기하며 안전하고 믿을 수 있는 사람을 최소한 세 명 발견하는 것이 대단히 중요하다. 애완동물도 많은 사람들에게 편안함을 주긴 하지만, 이 특별한 명단에는 해당되지 않는다. 오직 사람만이 가능하다.

아이들이 보내는 메시지
"진정한 들어주기의 가치에 대해"

사랑하는 엄마, 아빠.
두 분이 우리의 말을 듣는 방식은
우리에게 도움이 되기도 하고 상처가 되기도 합니다.

두 분이 예단을 가지고 우리의 말을 들을 때
우리는 자기 비판적인 사람이 되는 법을 배운답니다.
두 분이 사랑스러운 관심을 가지고 우리의 말을 들을 때
우리는 자기 수용을 배운답니다.

두 분이 우리의 문제를 고치려고 할 때
우리는 의존적인 사람이 되는 법을 배운답니다.
두 분이 우리의 능력을 믿어줄 때
우리는 자립을 배운답니다.

그러니 부디 우리의 말을 주의 깊게 들어주세요.
우리가 말하지 않는 것까지도요.
우리는 우리의 말이 존중되고 이해받고 있음을 느낄 것입니다.
그리고 다른 사람의 말을 들어줄 수 있을 것이랍니다.

04 웃음과 놀이, 애정을 나누어라

자주 웃고 놀아주세요.
날마다 다정하게.
우리는 하루하루를 신나고 즐겁게 살면서
다른 사람들에게 더 많은 기쁨을 가져다줄 거예요.

미소는 전염성이 있다! 행복한 아기는 주위의 모든 사람을 미소 짓게 만드는 힘을 갖고 있다. 아무리 무뚝뚝한 사람이라도 미소 짓거나 웃고 있는 아기를 보면 얼굴이 밝아지지 않을 수 없다. 주위 사람들을 웃게 만드는 것은 아기의 입과 얼굴만이 아니라, 빛나는 머리끝에서부터 생기에 가득 찬 발끝까지 온몸으로 미소 짓는 놀라운 방법이거나 말똥말똥한 눈일 것이다.

어디든 공공장소에 가서 일곱 살이 넘는 아이들을 관찰해보라. 그러면 나이가 많을수록 웃음이 적다는 것을 알 수 있을 것이다. 서구 문명에서 공공 교육과 엄숙은 단짝인 것처럼 보인다. 유치원 연령 이하의 아이들은 늘 장난치면서 웃는다. 하지만 그 아이들이 초등학교 1학년을 마칠 때쯤 되면 쾌활함과 웃음이 극적으로 줄어든다.

교육 상담 교사로서 수년 동안 교사들이나 학생들과 일을 하고 나서, 나는 자주 웃는 교사와 함께 있는 학생들은 학교를 더 좋아하고 성적이 더 좋은 사례가 많다는 것을 알게 되었다. 이 깨달음에서 영감을 얻은 나는 모든 학년의 교사들이 교실에 더 많은 웃음과 창조력, 즐거움을 불어넣도록 촉진하기 위해『웃음꽃이 피는 교실 The Laughing Classroom』을 썼다.

아이들이 웃거나 찌푸리는 것도 집안 내력처럼 보인다. 밝고 아름다운 미소를 짓는 아이들은 확실히 부모 가운데 최소한 한 명이라도 따뜻하고 호감 가는 미소를 짓는 가정에서 나온다. 수동적이고 조심스러운 표정을 보이는 아이들은 일반적으로 잘못은 재빨리 지적하면서 잘하는 일을 발견하는 데는 느린, 진지한 어른들과 사는 가정에서 양육된다.

오프라 윈프리는 언젠가, 사람이 자기 인생에서 할 수 있는 가장 의미심장한 이미지 변화는 무엇이라고 생각하느냐는 질문을 받은 적이 있었다. 그녀는 망설임 없이 이야기했다.

"진지한 표정에서 따뜻한 미소로 바꾸는 것. 미소보다 더 호소력 있는 단일한 특징은 어디에도 없습니다."

미소는 단 한마디도 없이 수백 가지 긍정적이고 쾌활한 메시지를 전달한다. 미소는 '당신을 환영합니다', '나는 당신에게 관심이 있습니다', '당신을 만나 행복합니다', '당신과 함께 있어서 기분 좋습니다', '당신을 좋아합니다', '당신은 나를 웃게 만듭니다', '당신은 정말로 멋집니다', '나는 당신에게 호감이 있습니다', '당신을 사랑합니다' 라고 말하는 완벽한 비언어적 방법이다.

'웃는 습관'을 들여라

> "유머는 우리의 가장 큰 국가 자원이다.
> 우리는 어떤 대가를 치르더라도 유머를 유지해야 한다."
> _ 제임스 서버

아이들은 미소를 대단히 잘 받아들인다. 따라서 양육 방식을 획기적으로 개선하기 위해 부모가 단 한 가지 변화를 줄 수 있다면, 나는 아이들에게 더 많은 미소를 보여주고, 더 많이 껴안고 애정을 주라고 권하고 싶다. 일단 온 가족과 함께 '미소 짓기 30일 작전'에 도전한다고 생각해보자. 새 습관을 들이는 데에는 3, 4주쯤 걸리므로, 매일 만나는 모든 사람들에게 더 많은 미소와 애정을 보내는 마술을 부릴 수 있게 되기까지 30일이면 넉넉하다.

가족과 아침식사를 할 때 '함빡 웃음 맹세'를 읽고, 매일 저녁식사 때에는 자신의 이야기를 하자. 그러면 여러 이야기들이 나올 것이다. 지나친 진지함으로 고통받고 있는 이 세계에서 뜻밖의 미소나 웃음, 포옹은 예상치 못한 방법으로 사람들과 자리와 기회들을 가져다줄 것이다. 단순히 더 많이 웃고 하루에 몇 번씩 포옹하는 데 동의하기만 해도, 웃는 아기처럼 되고부터는 어느 때보다도 즐거운 순간들을 더 많이 맞아들일 수 있을 것이다!

함빡 웃음 맹세

나는 엄숙하지 않게 맹세한다.
내 입의 양 끝을 올리기를,
그리고 가능한 한 자주 미소 짓기를,
그리고 하루 최소한 세 번씩 포옹을 주고받기를!

나는 어리석은 짓을 자주 하고

이유 없이 더 많이 행복하겠다고 맹세한다.

오늘부터 앞으로

나는 오래 웃고 잘살겠다고 약속한다.

접촉과 애정의 의미

"접촉은 단 한마디 말도 없이 충분히 표현한다!"
_ 애슐리 몬터규

애정과 접촉에 대한 인간의 욕구는 아무리 강조해도 지나침이 없다. 태어나서 첫돌 때까지 아기가 매일매일 피부 접촉을 하지 못하거나 안기지 못하면, 또 달램을 받지 못하거나 사랑을 받지 못하면 실제로 사망하거나 발육 부진에 빠질 수 있다는 사실은 잘 알려져 있다. 아기들은 본능적으로 애정을 갖고 있으며, 집에서 매일 사랑받고 피부 접촉을 경험하고 있다면 거의 누구에게나 기꺼이 안길 것이다. 아이들이 손을 뻗쳐 접촉하는 본능적 능력을 계속 유지하느냐의 여부는 부모, 주변 친척, 친지들이 얼마나 애정을 갖고 있느냐에 좌우된다.

    나는 최근에 차를 점검하기 위해 동네 정비소에 들렀는데, 마침 정비소 주인의 다 큰 아들이 아버지에게 무엇인가를 가져다주려고 왔다. 두 사람이 주고받는 말과 행동은 활력이 있었고 유머가 가득했다. 성인인 아버지와 아들이 얼굴을 마주보고 그렇게 즐겁게 이야기하는 모습을 지켜보는 것 자체가 색다른 경험이었으며, 나는 그 모습을 지켜보면서 그들의 즐거운 대화를 방해하지 않으려고 했다. 그들이 헤어지는 모습도 여느 헤어짐이 아니었다. 그들은 서로 포옹을 하고 놀랍게도 '사랑한다'는 말을 주고받았다.

아들이 정비소에서 멀어지자 나는 주인에게 묻지 않을 수 없었다.

"사장님은 아드님에게 늘 그렇게 애정을 표현하나요?"

나는 호기심 어린 눈으로 물었다.

"물론이지요."

그는 눈을 반짝이며 대답했다.

"내게는 다 큰 자식이 넷 있는데 모두에게 그렇게 하죠. 나는 '사랑한다'는 말을 단 한 번도 하지 않은 아버지 밑에서 엄격하게 자랐어요. 나는 내 자식들에게는 그와 정반대로 하기로 결심했고, 그래서 가능하면 자주 아이들에게 애정을 표시합니다. 내가 아이들에게 사랑한다고 말하지 않고 지나가는 날은 거의 없습니다. 단 한 명에게도 말이지요. 아이들은 내겐 가장 소중한 존재들입니다."

은행가이자 세 자식의 아버지인 다니엘은 다섯 살 때 이웃으로 이사 온 사람을 아직도 기억하고 있다. 그의 이름은 노먼이었는데 키가 큰 젊은 총각으로 바로 옆집에 살았다. 다니엘은 자기가 아이들과 씨름하며 같이 놀 수 있는 위대한 능력을 갖게 된 것은 노먼 덕분이라고 생각한다. 왜냐하면 다니엘의 아버지는 그가 겨우 네 살 때 돌아가셨기 때문이다.

울타리 위로 서로 인사를 나눈 뒤에 우리는 새로 온 이웃 아저씨가 아이들을 좋아한다는 것 그리고 레슬링하기를 좋아한다는 것을 알았습니다. 나와 우리 동네 친구들에게 그것은 굉장한 사실이었어요. 우린 대부분 그런 종류의 자유로운 놀이에 굶주려 있었거든요. 우리 부모들은 너무 바쁘거나, 그런 놀이를 생각하는 것조차 싫어했으니까요.

얼마 지나지 않아 우리는 그가 잔디를 깎거나 정원에서 일하는 것을 도우려고 그의 집 마당에 모였어요. 우린 그 집에 놀러가기 위한 핑곗거리를 찾아내는 덴 귀신이었죠. 우리는 그가 낙엽을 갈퀴로 모으거나 잡초 뽑는 것을 도와주려고 농구 경기까지 포기했어요. 일이 끝나면 그가 우리를 비행기처럼 공중으로 빙빙 돌리거나, 긁어모아 놓은 거대한 낙엽 더미에 우리를 한 명씩 던진다는 것을 알고 있었기 때문이죠. 우리만큼이나 재미있어하는 어른과 함께, 그렇게 격한 놀이를 하는 것은 정말로 짜릿한 즐거움이었습니다.

아이들이 단일한 형태의 호감 표현으로 애정, 포옹 그리고 살을 맞대는 놀이만큼 더 좋아하는 것은 없을 것이다. 나의 딸 줄리아가 어렸을 적에 좋아했던 활동 가운데 하나는 '강아지 쌓기'라고 이름붙인 놀이였다. 가까운 친척이나 친구들이 마루에 깔린 담요 더미 위나 난로 옆 깔개 위에 있는 해먹에 뒤엉켜서 큰 소리로 책을 읽고 씨름하고 서로 농담을 주고받거나 웅크려서 선잠을 자는 것이었다. 더욱 꼬이게 하기 위해서 줄리아는 기니피그나 길들인 애완용 생쥐를 넣기도 했다! 살과 살이 부딪치는 이 단순한 놀이에서 나오는 웃음은 수없이 많은 행복한 기억의 샘이 되고 있다.

스위스에서 자란 내 친구 위르크는 자기 어머니가 머리를 쓰다듬어준 기억을 아주 오랫동안 잊지 않고 있다.

"어머니는 먼 친척에게 전화로 정말 오랫동안 이야기하곤 했어요. 하지만 우리에게 그건 어머니를 빼앗기는 시간이 아니라 유대를 강화시키는 시간이었습니다. 나는 어머니가 잠시 동안 전화를 하려고 한다는 것을 알자마자 하던 일을 무조건 멈추고 어머니 무릎에 머리를 기댔습니다. 머리를 쓰다듬는 어머니의 부드러운 손길을 느끼기 위해서죠. 어머니는 머리 쓰다듬기를 절대로 지겹게 생각하지 않는 듯했으며, 비록 어느 시점에 어머니 무릎을 베고 눕기에는 내가 너무 자랐지만 나 또한 그렇게 하는 것에 전혀 싫증을 느끼지 않았습니다!"

오늘날까지 그것은 위르크가 무척 소중하게 여기는 어린 시절의 추억 가운데 하나이다.

지나친 진지함의 대가

"유머가 없는 인간은 스프링이 없어서
자갈을 지날 때마다 덜컹거리는 마차와도 같다."
_ 헨리 워드 비처

인생의 막바지에 있는 사람들이, 너무도 빠르게 흘러간 수십 년의 세월을 돌아보면서 가장 일반적으로 떠올리는 세 가지 후회는 다음과 같다.

1. 조금 더 사랑을 표현하고 보여주었으면 좋았을 것을.
2. 인생을 조금 더 즐겼으면 좋았을 것을.
3. 조금 더 위험을 무릅썼으면 좋았을 것을.

이 세 가지 후회가 많은 사람들의 공감을 자아내는 데도 불구하고, 대부분의 사람들은 삶을 지나칠 정도로 진지하게 받아들인다. 우리는 사소한 것들을 부풀리면서 자발성, 즐거움, 발랄함 등을 사소한 일상, 공포, 걱정 등과 맞바꾼다. 그 걱정은 '부정적인 명상'의 한 형태이며, 우려하는 일의 95퍼센트는 실제로 일어나지 않는다는 사실을 깨닫는다고 하더라도, 진지함을 담을 수 있는 인간의 정신적 용량이 무한하기라도 한 듯 사람들은 여전히 진지한 삶의 태도를 움켜쥐고 있다. 진지함의 대가는 쓰다. 지나친 진지함은 마음을 열지 못하게 하며, 애정을 표현하지 못하게 하고, 더욱 창조적이지 못하게 하며, 즐겁게 살아가지 못하게 한다.

관찰력이 뛰어난 다섯 살짜리 아이 토머스는 누나와 놀이를 하면서 '책상에 앉아 있는 아빠' 역할을 하고 있었다. 토머스는 안경 같은 것을 쓰고 한숨과 불만 섞인 소리를 크게 내면서, 종이에다 숫자들을 휘갈겨 쓰기 시작했다. 토머스가 얼굴색이 검붉게 될 정도로 얼굴을 찡그리자 누나는 크게 웃기 시작했다.

"뭐 하는 거니?"

누나는 킥킥 웃으면서 물었다.

"산더미 같은 청구서들을 처리하고 있는 중이야."

토머스는 사무적인 말투로 대꾸하고 계속 작은 소리로 끙끙거리면서 종이를 꾸깃꾸깃 뭉쳐 마루 건너편으로 던졌다.

그 아이는 다섯 살에 벌써 청구서와 돈을 다루는 것이 이만저만 불쾌한 일이 아니라는 것을 머릿속에 집어넣은 것이며, 그런 사실은 전문가, 즉 아버지로부터 배운 것이다. 마침 토머스의 아버지는 운 좋게도 자기 흉내를 내는 아들의 말을 옆방에서 듣게 되었다. 그는 아들의 말을 듣고는 돈 문제를 다룰 때면 언제나 지나치게 진지해지고 '검붉은 얼굴이 되는' 자신의 습관적 태도를 깊이 깨달았다. 그는 돈 문제와 검붉은 얼굴 사이에는 뿌리 깊은 최면 같은 것이 연결되어 있다는 것을 알게 되었다. 돈을 다루는 일은 진지하고 불행한 일이라는 믿음이 할아버지와 아버지 대를 거쳐 자신에게까지 무의식적으로 전달되었던 것이다!

토머스의 아버지는 그동안 자기가 얼마나 많은 것을 잃고 있었는지 깨달았다. 전기, 난방, 집, 자동차, 그 밖에 매달 지출되는 여러 가지 비용들에 대하여 오히려 요금을 지불할 수 있는 능력에 만족하고 감사하지 못했던 것도 그 가운데 하나였다. 그는 아들에게 경제적 책임을 가르치는 대신에, 청구서는 저항과 분노를 일으키고 짜증나게 하는 어떤 것이라고 가르쳐왔던 것이다.

지나치게 진지한 태도로 인하여 그가 치러왔던 값비싼 대가는 적지 않았다. 아들에게 부정적인 본보기를 제공했고, 자신이나 가족에게 고통을 주었으며, 아들에게 돈을 다루는 특권에 대해 가르칠 기회를 놓쳤다. 이제 그는 자신과 가족에게 미쳤던 나쁜 영향에 대처하기로 했으며, 따라서 이제 다시 자유롭게 선택하여 이 낡고 오래된 습관을 영원히 바꿀 수 있을 것이다.

마흔 살의 안나는 지나치게 엄격하고 진지했던 할머니를 지금도 생생하게 기억하고 있다. 안나의 할머니는 미소 짓는 법을 모르는 여인이었다. 간혹 미소를 지으려고 해도 입 양쪽이 아래로 처지면서 일그러진 표정이 나올 뿐이었다.

할머니가 온다는 소식이 들리면 우리는 모두 무서움에 떨었습니다. 왜냐하면 우리는 할머니를 최선을 다해 모셔야 했고, 더 많은 차, 따뜻한 음식, 정숙, 신중한 행동 등 할머니의 많은 요구 사항들을 만족시켜야 했기 때문이죠.

우리가 할머니를 위해 무엇을 하든, 할머니는 절대로 만족하지 않았습니다. 아이들이 놀이를 하거나 즐거운 이야기를 나눌 때 할머니는 소외당하거나 무시당한다고 느끼면서 옆에 앉아 계셨습니다. 아이들이 조금 시끄럽게 웃으면 할머니는 귀가 따갑다고 말씀하셨죠. 할머니는 우리 어머니를 비롯한 다섯 자식들을 놓고 끊임없이 불평불만을 늘어놓으시면서, 휴일이 많으니 어쩌니 냉소를 퍼붓는 이른바 완벽한 스크루지 영감 같았습니다. 우리 어머니는 할머니의 끊임없는 잔소리와 요구에 대처하는 참을성에 관한 한 거의 성자의 반열에 올라 있었죠.

할머니가 즐거워하는 모습을 본 유일한 때는 누군가가 다른 사람을 헐뜯을 때였습니다. 할머니는 그런 이야기가 오랫동안 계속되어 이윽고 당신도 한마디 거들 수 있게 되었을 때 생기를 얻는 것 같았죠. 할머니가 지나치게 진지했던 것으로 치렀던 대가는 값비쌌습니다. 할머니의 다섯 자식들은 자상했지만 어머니와는 소원해졌습니다. 손자 손녀들은 할머니가 곁에 있으면 불안함을 느꼈으며, 어떤 화제로도 할머니와 대화를 나누기가 어렵다는 것을 알았죠. 삶에 대해 지나치게 진지한 태도 때문에 할머니는 사방으로 고립되었으며, 당신을 잘 알고 있다고 진정으로 이야기할 수 있는 사람이 단 한 명도 없는 고독한 인생을 살았습니다.

일상의 순간들을
조금 더 장엄하게!

"작은 일에 기뻐하는 것은 결코 작은 일이 아니다!"

_ 달라이 라마

가정에 더 많은 유머와 놀이를 끌어들이기 위한 최선의 방법은 일상의 순간들을 조금 더 마술적으로 만드는 것이다. 나는 어린 시절 내내 어머니가 큰 소리로 재미있고 감동적으로 읽어주는 이야기들을 즐겁게 들었다. 어머니는 서로 다른 목소리와 몸짓으로 각 등장인물들에게 생기를 불어넣는 독특한 책읽기를 했다. 어머니에게 달려가 무릎 위에 앉고 이야기책을 펼칠 때마다 나는 어머니가 하는 공연에 완전히 빠져들었다. 이야기책에 나오는 인물들 하나하나에 사용되는 다양한 목소리들 덕분에 책읽기는 매일매일 우리 집이라는 은밀한 공간에서 일어나는 흥미진진한 모험이 되었다!

나는 그 이야기들만 좋아한 것이 아니었다. 책에 나오는 이야기들을 자신만의 드라마로 각색하면서 나름대로 즐거워하는 어머니의 모습을 지켜보는 것은 또 다른 기쁨이었다. 우리 어머니 다이애나는 어린아이에게 또 다른 지루한 이야기를 읽어주는 단조로운 행위를 한 것이 아니라, 진정으로 재미를 느끼고 있었다. 새 등장인물이 나올 때마다 새로운 몸짓이나 이상한 목소리를 꾸며내는 어머니의 모습을 보는 것은 큰 즐거움이었다. 어머니가 책을 읽다가 오리처럼 꽥꽥거리고, 늑대처럼 울고, 작은 요정처럼 속삭이고, 사자처럼 포효하는 모습을 보는 것이 얼마나 재미있었는지! 어머니의 책읽기는 내 마음속에서 영원히 지워지지 않을 방법으로, 이야기책 한 쪽 한 쪽을 나만의 이야기로 만들었다. 어렸을 적에 읽었던 책들을 한 쪽씩 넘길 때 나는 아직도 어머니의 여러 가지 목소리로 표현되던 모든 등장인물들의 목소리를 들을 수 있다.

큰 소리로 책 읽어주는 것을 싫어하는 아이는 없다. 그 순간을 더욱 기억에 남게 하려면, 자신만의 방법으로 등장인물들에게 생명을 불어넣어보아라. 웃음은 오랫동안 남는다. 기억은 더 오랫동안 남는다.

상처를 주는 유머가 아니라
치료해주는 유머를 써라

"즐거운 마음은 약과 같은 효과가 있다."
_「잠언」 17장 22절

유머에 대한 유일한 현실적 지침은 상처를 주는 유머가 아니라 치료해주는 유머를 사용하라는 것이다. 치료해주는 유머는 아이들의 기를 살려주고 사랑과 지원, 창조성, 동정심의 원리를 더 많이 가르친다. 상처를 주는 유머는 아이들에게 비판, 권력 투쟁, 어정쩡한 의사 표현 등을 가르친다.

치료해주는 유머에는 다음과 같은 건강한 특징들이 있다.

· 또 다른 기쁨을 준다.
· 다른 사람들을 긍정하고 힘을 북돋아준다.
· 누구도 비하하지 않는다.
· 창조성을 발휘한다.
· 다른 사람들에게 즐거움과 행복을 가져다준다.
· 밝고 명랑한 시각을 가진다.
· 미소, 웃음, 신뢰, 안녕을 가져다준다.

치료해주는 유머가 있는 가정에서 자란 아이는 가족에 대한 행복한 기억들을 갖고 있으며 우애가 좋은 경향이 있다. 그들은 어른이 되어서도 가족과 가깝게 지내며, 가족들 앞에서 조롱이나 창피 또는 비판의 부담 없이 편안한 기분을 느낀다.

상처를 주는 유머는 이와는 확연히 다르며 다음과 같은 특징이 있다.

- 다른 사람들을 놀린다.
- 어떤 사람이나 물건을 파괴한다.
- 직접적이든 간접적이든 비하하는 말을 사용한다.
- 냉소적이고 빈정거리는 말을 사용한다.
- 다른 사람들에게 부정적으로 생각하게 하거나 용기를 잃게 만든다.
- 날카롭고 공격적인 시각을 가진다.
- 수치심, 경쟁, 분노, 단절을 가져다준다.

상처를 주는 유머를 사용하는 가정에서 자란 아이는 방어적이고 다른 가족 구성원들을 조심스럽게 대하며, 가족의 기억에 대해 착잡한 감정들을 갖고 있는 경향이 있다. 그들은 형제에게 빈정거리거나 비판적인 경향이 있으며, 더 많은 조롱, 창피, 비판 등으로부터 자신을 보호하기 위해 어른이 된 뒤에 가족들과 거리를 두는 경우가 많다.

역경 속에서도 밝고 명랑한 태도를 잃지 마라

"젊은이가 되는 데는 많은 시간이 걸린다."
_ 파블로 피카소

유머의 진정한 평가는 즐거운 때가 아니라 역경에 처했을 때 발견된다고 한다. 은퇴한 노부부 랠프와 엠마 이야기는 그런 점을 잘 보여주는 감동적인 사례이다. 랠프와 엠마는 결혼 생활 내내 장기 유럽 여행을 꿈꾸었다. 그들은 다섯 명의 아이들을 키우고 난 뒤 결혼 50주년 기념으로 평생 그리던 꿈을 실현하기 위해 가족들에게 행복한 안녕을 고했다.

여행을 떠나기 전에 그들은 최근에 개축하여 아주 만족스럽게 변모된 집을 여행 기간 동안 잘 관리해달라고 자식들에게 말했다. 자식들은 6주 동안 5개국을 방문하는 빡빡한 여행 일정이니 집 걱정은 붙들어 매고 즐겁게 지내다 오시라고, 돌아와서 재미있는 이야기나 많이 해달라고 부모님을 안심시켰다.

그들이 돌아오기 며칠 전, 협곡에서 끔찍한 화재가 발생하여 인근 주민들이 대피하는 사건이 발생했다. 안타깝게도 그 지역에 있는 다른 많은 집들과 마찬가지로 랠프와 엠마의 사랑스러운 집도, 아름다운 과일 나무와 아담한 나무들도 그리고 랠프의 자랑이자 즐거움인 멋진 정원도 모두 불타 무너져 내렸다. 두 잉꼬부부는 신나게 시간을 보내고 있었고 정확하게 일정대로만 움직이는 것도 아니었기 때문에 자식들은 가슴 찢어지는 소식, 그러니까 예술품이며 가구며 옷가지, 개인과 가족의 추억이 담긴 물건들을 몽땅 잃었으며, 심지어 자동차는 시커멓게 탄 채 껍데기만 흉하게 남아 있다는 소식을 차마 전할 수 없었다.

랠프와 엠마는 일정보다 하루 앞당겨 공항에 도착했다. 그들은 여행의 만족감으로 충만해 있었고, 멋진 집에서 편안하게 휴식을 취하고 싶은 것 외에 아쉬운 것은 하나도 없었다. 그들은 활짝 웃고 떠들면서 손을 잡고 공항 주차장을 빠져나와 협곡에 있는 집으로 향했다. 그들은 집으로 가는 길에 라디오를 켜서 뉴스를 듣는 대신 베토벤의 〈환희의 송가〉를 틀었다. 〈환희의 송가〉를 들으면서 불과 일주일 전에 자전거를 타고 스쳐 지나갔던 프랑스 남부의 전원 지대를 떠올렸다.

그들이 집에 가까이 오자 어두운 하늘과 불에 탄 나무들 그리고 계곡 길과 구릉을 따라 깔린 재들이 보이기 시작했다. 랠프는 명치끝이 찌르르 하는 느낌을 받았고 엠마는 숨을 죽였다. 굽이굽이 길을 돌아 운전하면서 검게 탄 계곡 곳곳에 흩어져 있는 텅 빈 집들의 잔해를 보자 그들의 침묵은 더 깊어만 갔다. 한 굽이만 더 돌면 집이 보이는 마지막 굽이에 접근하면서 그들은 이제 우리 집만은 무사하기를 기대하고 기도했던 최후의 순간이 다가왔음을 느꼈다.

길을 도는 순간 랠프는 음악을 끄고 차를 세웠다. 엠마는 숨을 몰아쉬더니 랠프의 가슴에 얼굴을 묻었다. 랠프는 엠마의 손을 꼭 잡았고, 두 사람은 꽤나 길게 느껴진 시간 동안 아무 말도 하지 않았다. 랠프는 천천히 차에서 나와 재가 짙게 깔린 도로에 내려섰다. 그는 무릎에서 힘이 빠져나가고 온몸이 후들후들 떨리는 것을 느꼈다.

엠마도 남편을 따라, 아주 오랫동안 행복한 보금자리였으나 지금은 폐허가 되어버린 자리를 향해 걸어갔다. 그들은 참담한 광경을 보고 매캐한 냄새를 맡으면서 모든 것이 영원히 끝났다는, 문자 그대로 모든 것이 연기 속으로 사라졌다는 것을 받아들이려고 노력했다. 그들은 서로 안고, 울고, 다시 한 번 안았다. 그들은 중간 중간에 앉기도 했는데 그때마다 엠마는 "오! 랠프, 날아갔어요. 우리가 갖고 있었던 모든 것들이 날아가버렸다고요."라고 되풀이해서 말하곤 했다.

그때 예기치 못했던 일이 일어났다. 모든 것을 바꿀 결정적인 순간이 찾아온 것이다. 랠프는 터벅터벅 무거운 걸음을 계곡 꼭대기로 옮겼다. 그곳에서는 피해 지역이 한눈에 들어왔다. 랠프는 오랫동안 그 광경을 쳐다보았다. 그러다가 문득 킥킥거리며 웃기 시작했다. 처음에는 김빠지는 소리처럼 들렸으나, 그것은 곧 빠르게 깊고 호탕한 웃음으로 바뀌어갔다.

"왜 그래요?"

엠마가 의심스러운 눈길로 쳐다보며 물었다.

"무슨 일이에요, 랠프?"

랠프는 여전히 웃음을 멈추지 않고, 아내에게 양팔을 뻗으면서 말했다.

"오, 엠마. 당신은 안 보이오? 이건 그냥 시험에 지나지 않는 거요. 오늘은 우리 집과 거기에 딸린 물건들이고, 내일은 우리의 몸이라고! 어느 날, 그것도 그리 머지 않은 어느 날, 우리는 삶을 몽땅 놓고 떠날 거라오. 우리가 이미 알고 있듯이 말이지. 이것은 워밍업일 뿐이오. 우리는 마지막 연습을 할 수 있는 기회를 얻은 행운아라고 생각합시다."

랠프가 하는 말을 들으면서 엠마의 뇌리에 무엇인가 스쳐 지나갔다. 결국 그녀는 폐허 속에서도 선물을 어렴풋이 볼 수 있었다. 그녀는 남편에게 안겼고 그들은 크게 웃었다.

"우리의 진짜 집은 여기가 아니오, 엠마."

랠프는 계속 말했다.

"중요한 건 사랑이지. 우리 가슴 속에 있고, 화염이 태워 없앨 수도 없는 사랑. 내게는 아직 사랑하는 당신이 있고, 신께서 이 세상에서 단 하루만 당신과 함께 있도록 허용한다 해도, 나에게는 그것이 이 세상에 있는 모든 집들보다도 더 소중하다오."

사랑하는 사람들에게 연락하기 전에, 랠프는 차로 가서 〈환희의 송가〉를 다시 틀었다. 그는 아내에게 손을 내밀고 눈물 어린 미소를 지으며 말했다.

"나의 영원한 신부가 이 춤을 기꺼이 추어주신다면 나는 기뻐서 어쩔 줄 모를 거요."

엠마는 랠프가 뻗은 손에 응했고, 이윽고 그들은 전에는 테라스였던 곳의 콘크리트 바닥 위에서 춤을 추기 시작했다. 엠마는 랠프의 품에 안겨 그가 이끄는 대로 폐허 속에서 춤을 추었다.

법률적인 서류 처리, 임시 숙소 마련, 재건축 그리고 감정 조절 등이 끝나는 데 많은 시간이 걸렸지만, 그들은 인생에서 가장 큰 것들을 잃는 와중에도 다시 그들을 기운 차리게 해주었던 밝고 긍정적인 마음을 잃지 않았다. 역경 속에서도 품위를 잃지 않는 그들의 태도는 가족과 친구들 그리고 그 지역 전체 주민들에게 힘을 불어넣었다.

"우리는 지금도 여기에 있습니다. 그리고 여전히 서로 의지할 수 있는 상대를 갖고 있습니다. 아무리 거센 불길도 인생에서 사랑보다 중요한 것은 없다는 우리의 생각을 막을 수 없습니다."

랠프는 이후 몇 개월 동안 이렇게 역설했다.

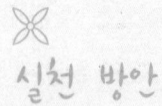 실천 방안

1. 미소 짓기 30일 작전에 돌입해라.

온 가족이 미소 짓기 30일 작전을 시작하고, 매일 저녁 식탁에서 그 결과를 점검해라. 가족끼리 하루에 몇 번씩 포옹해야 한다는 할당량을 정하여 작전에 반드시 포함시켜라. 30일의 마지막 날에, 성공을 축하하는 의미에서 가족 특별 나들이를 나가라.

2. '진지함'의 목록을 작성해라.

일상생활이나 다른 사람과의 관계에서 지나치게 진지한 태도를 취하는 일들의 목록을 작성해라. 인생의 세 가지 주요 영역(이를테면 재정, 가사, 운동)에서 지나치게 진지해서 치러야 하는 대가들을 진지하게 생각해보아라. 자신이 얼마나 밝아질 수 있는지 가족 및 친구들과 이야기해보고 자신이 옛날 습관으로 돌아가면 점잖게 충고해달라고 부탁해라.

3. 역경 속에서도 밝은 마음을 유지해라.

자신 또는 아는 사람이 '역경 속에서도 밝은 마음'을 유지할 수 있었던 때를 생각해라. 그런 자세가 주위 환경에 어떤 영향을 미쳤으며, 자기에게는 어떤 지속적인 영향을 미쳤는가? 이런 문제에 대해 더 많은 가족 구성원들과 토론하되 되도록 솔직하게 이야기해라.

아이들이 보내는 메시지
"놀이와 애정에 대해"

사랑하는 엄마, 아빠.
두 분의 밝은 태도나 심각한 태도는
우리에게 햇살을 비추기도 하고 암운을 드리우기도 합니다.

두 분이 인생을 너무 진지하게만 받아들일 때
우리는 경직된 태도를 배운답니다.
두 분이 일을 가볍게 처리할 때
우리는 밝은 마음을 가지는 법을 배운답니다.

두 분이 애정을 보이지 않을 때
우리는 거리를 두는 법을 배운답니다.
두 분이 우리에게 손길을 보낼 때
우리는 애정을 품는 법을 배운답니다.

그러니 부디 더욱 밝은 마음을 가지세요.
그리고 조금 더 자주 웃어주세요.
우리는 두 분 곁에 있는 것만으로 즐거울 것입니다.
그리고 유머 감각을 기를 것이랍니다.

05 인정하고 감사해라

자주 인정해주세요,
잘했을 때는 말로써.
우리가 가치 있음을 알고
다른 사람들을 인정하는 법을 배울 거예요.

우리는 더 많이 인정하고 인정받기를 원한다. 그 욕망이 얼마나 깊은지 모를 수는 있지만 욕망 자체는 존재한다. 우리 대부분은 습관적으로 다른 사람들을 인정하는 데 인색하거나, 수많은 놀라운 일에 대해 감사하지 않고 당연하게 생각하는 경향이 있다. 하지만 누군가에게 "당신이 내 인생에 큰 영향을 미쳤다."고 이야기해보면, 그 말 한마디로 매우 깊은 의미를 가진 그 무엇을 상대에게 주었음을 직감할 수 있을 것이다.

인정, 감사, 경외의 3A를 실행해라

> "감사는 놀라운 일이다.
> 감사는 다른 사람들의 뛰어난 점을
> 우리 모두의 것으로 만든다."
> _프랑수아 볼테르

일상생활에서 3A[Acknowledgment(인정), Appreciation(감사), Awe(경외)]를 실행하면 친밀감이 증진되고 사기가 고양되며 인간관계가 향상된다. 인정 Acknowledgment은 어떤 사람이나 사물에 있는 멋진 특징이나 기여한 바를 알아채는 것이다. "나는 당신이 다른 사람들에게 얼마나 너그럽게 했는지 인정하고 싶다."라거나 "당신은 정말로 음악 연주에 재능이 있다." 같은 말은 모두 다른 사람의 경탄할 만한 특징을 알아채고 표현한 사례들이다.

감사 Appreciation는 어떤 사물이나 사람의 본성과 가치를 파악하고 고마운 마음을 표현하는 것이다. "나는 당신이 이 프로젝트에 성의껏 참여해주어서 진심으로 감사한다." 또는 "나는 당신을 매우 사랑한다. 당신 없이 내가 무엇을 할 수 있을까?" 등은 상대방에게 감사하는 마음을 적절하게 나타낸 것들이다.

경외 Awe는 멋지거나 훌륭한 것에 의해 영감을 받은 존경심이나 숭배하는 마음을 갖는 것이다. "오늘밤 저 밝은 하늘을 봐. 아름답지 않니?" 또는 "당신이 이렇게 남을 배려할 줄 아는 사람으로 성장하는 것을 보니 나로서는 정말로 큰 자극이 됩니다." 등은 경외를 보여주는 본보기이다.

3A를 표현하는 사람과 함께 성장하는 행운을 가진 아이는 기분 좋은 추억과 두고두고 음미할 만한 멋진 순간들을 갖게 된다. 그런 아이는 자기 삶에

서 중요한 위치를 차지하고 있는 사람들에게 3A를 표현하고 인생의 크고 작은 순간에 더 많은 즐거움을 느낄 가능성이 크다.

보잘것없는 감사란 없다

"인간에게 가장 깊은 욕망은
감사받고 싶은 갈망이다."
_ 랠프 월도 에머슨

감사받는다는 것은 모든 인간의 마음속에 자리 잡고 있는 모든 것 가운데 가장 깊은 욕망일 수도 있다. 이 세상에서 다른 사람에게 감사를 표현하기 위한 의식을 만들어내지 않은 종족은 없다. 현대 문명에서 우리의 감사 의식에는 생일 파티에서부터 인도적 행위에 대한 상, 오스카상, 노벨 평화상까지 모든 것들이 포함된다. 감사가 중요하기는 하지만 대부분의 사람들은 가족, 친구들, 동료 등 감사를 받을 만한 사람들로부터 제대로 감사를 받지 못하고 있다.

　세 명의 십대 아이들과 그들의 어머니는 기억에 남을 만한 이벤트로 아이들 아버지의 마흔 번째 생일을 축하하고 있었다. 그들은 아버지에게 매우 중요한 질문을 했다.

　"아빠, 어떻게 하면 내년에 아빠에 대한 우리의 고마운 마음을 더 많이 보여줄 수 있을까요?"

　듀언은 놀라면서 대답했다.

　"그래? 너희들 아주 좋은 질문을 했구나. 내가 조금 더 바라는 것이 있거든. 내가 밤에 퇴근해서 집에 오면 식구들 모두 자기 일을 하느라 정신이 없지. 난 가끔 기나긴 하루 일과를 마치고 집으로 돌아오면 누군가가 인사를 해주었으면 좋겠다고 느낄 때가 있단다. 내가 집에 왔을 때 너희들이 인사를 해주거나 몇 마디 말을 해준다면 정말로 좋을 거야. 매일 해주기를 바라는 게 아니야. 일주일에 한두 번이면 족해."

듀언의 아내와 아이들은 자기들이 아버지를 얼마나 아끼는지 보여주기 위해 기발한 방법으로 아버지의 부탁을 들어주기로 했다. 그들은 차례로 거의 매일 문 앞에서 듀언에게 인사하기 시작했다. 첫날에는 열다섯 살짜리 딸이 그가 좋아하는 따뜻한 녹차와 슬리퍼를 들고 그에게 인사했다. 다음날에는 열세 살짜리 아들이 텔레비전을 끄고 아버지에게 가서 자기가 하루를 어떻게 보냈는지 이야기하면서 그때 하고 있던 농구 경기에 대해서 말했다.

며칠이 지나도 가족들은 계속 듀언에게 인사하고 포옹하거나 하루를 어떻게 보냈냐고 질문했다. 가끔 듀언은 둘 이상의 아이들로부터 인사받기도 했다. 듀언이 좋아하는 환영 방식 가운데 하나는 아내로부터 받는 것이었는데, 그것은 아내가 듀언을 (그가 가장 좋아하는) 의자에 앉히고, 그가 좋아하는 음악을 틀어놓고 어깨를 주물러주는 것이었다. 듀언은 장시간 동안 컴퓨터로 작업을 하기 때문에 아내의 이런 서비스는 따뜻한 배려이면서 피로를 풀어주는 역할을 했다.

이것은 작은 감사의 행동이기는 하지만 듀언은 지금까지 가족이 자기를 위해 했던 어떤 일보다도 가장 의미 있다고 생각했다. 우리는 작은 감사의 행동을 통해, 우리에게 가장 소중한 사람들이 특별한 존재이며 사랑받고 있다고 느끼게 해줄 수 있다. 감사의 행동으로서 보잘것없는 것은 없다.

자기가 잘하는 것을 포착해라

> "자신의 장점을 볼 수 있을 때만이
> 다른 사람의 장점을 볼 수 있는 희망이 있다."
> _ 헨리 데이비드 소로

인생 코치인 나는 고객들이 자기 자신을 인정하거나 자기가 잘하는 일에 대해 이야기하는 것을 정말로 못한다는 사실에 자주 놀란다. 우리는 고객에게 지난주에 있었던 '성취' 다섯 가지를 인정하는 것으로 한 주의 일정을 시작한다. 처음에는 다섯 가지 성취를 생각해내는 것이 너무도 힘들었다. 하지만 일단 과정이 시작되자 그것이 점점 쉬워졌고, 몇 주일이 지나자 고객들은 열 가지, 심지어 열다섯 가지 성취를 생각해낼 수 있게 되었다.

다섯 가지 성취 인정은 잘못을 강조하는 것이 아니라 잘한 것을 축하하는 것이다. 꼽힌 성취들이 중요해야 한다거나 기념비적인 것이어야 할 필요는 없다. "어제 나는 운동을 하려고 일찍 일어나, 하려고 했던 모든 것들을 오전 8시까지 모두 해냈다." 이 정도만 되어도 일상적인 것으로는 작지 않은 성취이다. 또한 "최근에 아들이 단단히 뒤틀려 있는데도 나는 잘 참았다." 정도도 보기보다는 꽤 큰 성취라고 할 수 있다.

정해진 일을 마친 것이 더욱 의미 있을 때도 있다. 예를 들면 "나는 예정보다 앞서서 나의 마지막 장을 완성했다." 또는 "나는 6개월에 걸친 재활 프로그램을 성공적으로 마쳤다."와 같은 것들이다. 그에 못지않게 의미 있는 것들은 아무도 알지 못할 법한 침묵의 성취들이다. 이를테면 "나는 충분히 해내지 못했다고 자신을 괴롭히는 대신 한나절 동안 일을 하지 않고 조금이나마 통찰력을 얻기 위해 미술관으로 갔다."라든지 "지금은 명상이 더욱 의미 있으며 나는 명상이 나의 인생에 미치는 영향을 알고 있다."와 같은 것들이다.

우리가 장점을 찾는 것이 중요하다는 사실을 알면서도 우리의 성취에 초점을 맞추지 못하는 경우가 많은 까닭은 무엇인가? 그것은 아마 우리들 대부분이 자라면서 수많은 부정적인 신념들과 마음가짐들에 익숙해졌기 때문일 것이다. 몇몇 연구에 따르면 아이들은 서른 가지 긍정적인 말에 대해서 최고 1,500가지 부정적인 말을 듣는다고 한다. 이런 통계가 부분적으로라도 사실이라면 이것이 우리 모두에게 가하는 영향력을 상상할 수 있는가?

나는 그런 이유 때문에 대부분의 고객들에게 일지에 다섯 가지 성취를 적으라고 말한다. 그렇게 하면 하루를 마무리하면서 그날의 성취를 생각하는 좋은 습관을 들이게 된다. 대부분의 사람들은 그때까지 그런 일을 해본 적이 없었다. 따라서 일단 그날의 성취 다섯 가지를 일지에 적기 시작하면 사람들은 자기가 단 하루에 얼마나 많은 성취를 일구었는지 알고 놀란다. 그 가운데 일부는 보잘것없게 보일 수도 있지만 그것은 그리 중요하지 않다.

고객들이 스스로 거둔 성취를 편안하고 친숙하게 받아들일 정도가 되면 그들에게 고급 단계의 다섯 가지 성취 실행 과정이 제시된다. 이것은 일과 시간에 잠깐 짬을 내어 몇 시간 내에 있었던 성취들을 생각해보는 것이다. 이 일은 운전을 하면서도, 식사를 하면서도, 아니면 일상적인 업무를 수행하거나 그저 책상에 앉아 있으면서도 할 수 있다. 심지어 과중할 정도로 할 일이 많은 날에도 몇 가지 성취를 꼽아보면 기운이 솟는 것을 느낄 수 있을 것이다.

'나는 일찍 일어났다. 미루어오던 아들의 치과 진료를 예약했다. 건강한 아침식사를 준비했다. 어려움에 처한 친구의 말을 들어주었다. 수익성 좋은 곳에 또 500달러를 투자했다. 이 모든 것을 오전에 마쳤다!'

이렇게 함으로써 우리는 인생이라는 잔을 '반이 비었다'가 아니라 '반이 채워졌다'고 보기 시작하며 자신감이 점점 커지게 된다.

| 인정하고 감사해라

자기 인정 기술 개발의 중요성은 지대하다. 성장하면서 겪은 지나치게 부정적인 태도로 인하여 우리들 대부분은 내적으로 비판적인 태도를 갖는 경향이 많기 때문에 우리도 어느덧 자신을 비난하고 있을 수도 있다. 예를 들면 다음과 같이 말하는 것이다.

"나는 왜 이것을 똑바로 못하지? …… 나는 절대로 이것을 알아내지 못할 거야. …… 나만큼 꽉 막힌 인간도 없을 거야. 내가 뭘 잘못한 거지? …… 나한테는 재능이 없나 봐."

자기 내부에 존재하는 이런 험담꾼을 물리치는 최고의 해결책은 자신의 강점을 찾아내고, 자기가 하는 모든 것들을 자기에게 유리하게 평가하는 능력을 갖는 것이다. 마음을 굳게 먹고, 잘 되어가는 일에 지속적으로 초점을 맞추면 내부의 험담꾼이 전혀 힘을 쓰지 못하게 할 수 있다.

아이들에게 인정하는 기술을 가르치는 것은 그들에게 읽기, 쓰기, 산수를 가르치는 것만큼이나 의미가 있다. 자신이나 다른 사람들을 인정하는 법을 알고 있는 아이는 다른 사람의 인정 여부에 별로 좌우되지 않으며, 모험을 하고 진실한 사람이 될 수 있는 자양분을 많이 갖고 있다. 그들은 칭찬과 인정을 타인에게 전적으로 의존하는 아이에 비해 훨씬 더 종합적인 자신감을 표출한다. 힘든 하루 일과를 끝내고 집으로 돌아와 "힘든 하루였어요. 하지만 나는 몇 가지를 성취했다고 생각해요. 비가 내리는데도 시간에 맞춰 버스를 타러 갔고, 영어 시험에서 B를 받았으며, 학교에서 점심 먹고 나서 새 친구를 만났고, 내 돈으로 산 티셔츠를 입었고, 트레비스가 싸움을 걸어왔을 때 화를 내지 않았어요."라고 말할 수 있는 초등학교 3학년 아이를 상상해보아라.

1

다른 사람이 잘하는 것을
포착해라

"한 번의 칭찬은 열 가지로 되돌아온다."
_ 일본 속담

사람들은 자기가 일을 잘못 처리한 상황에 직면하는 일이 너무도 많으므로 만약 누군가가 일을 잘하고 있을 때를 포착하여 거래한다면 놀랍고 수지맞는 계약을 할 수도 있다. 딸 줄리아가 어렸을 적에 나는 그 아이가 열심히 숙제하는 동안 갑자기 이름을 부르곤 했다.

"줄리아, 이리 와! 빨리!"

그러면 줄리아는 '내가 뭐 잘못했나?' 하는 걱정스러운 표정으로 계단을 쿵쾅쿵쾅 달려 내려왔다. 하지만 줄리아가 내려와서 듣는 것은 야단이 아니라 생각지도 못한 칭찬이었다. 나는 줄리아를 번쩍 들어 올리거나 뽀뽀를 해준 다음 이렇게 말하곤 했다.

"어이구 예뻐라, 우리 딸 싱크대를 깨끗하게 닦았네. 그리고 하나 더! 기특하게 마루 닦는 것도 잊지 않았네!"

그 결과가 어떨지 상상할 수 있을 것이다. 줄리아는 집안일을 한층 적극적으로 했고, 어떤 때에는 그런 인정을 받고 싶어 예정보다 앞서서 집안일을 하기도 했다. 줄리아는 숙제를 끝내면 나에게 곧잘 "야, 잘했네. 우리 딸 똑똑하기도 하지."와 같은 말을 듣는다는 것을 알고 있었다. 비록 나의 말 가운데 일부는 수준 낮고 천편일률적이었지만, 지금도 그런 말을 해주면 줄리아는 얼굴에 미소를 떠올린다.

제법 규모가 있는 인터넷 기업의 상무인 빈센트는 직원들이 무엇인가 잘

한 일을 적극적으로 포착하기로 했다. 그는 직원들이 어떤 종류든 뛰어난 일을 했을 때 주기 위한 '하얀 딱지'를 만드는 것으로 일을 시작했다. 그 전까지는 직원들이 일을 잘못 처리했을 때 그것을 지적하는 '빨간 딱지'만 있었다. 빈센트는 자기 부서에 있는 모든 직원들에게 한 달에 하나씩 하얀 딱지를 주겠다고 결심했다. 그의 바쁜 일정을 고려했을 때 그것은 작은 일은 아니었다. 그가 하얀 딱지를 주기 시작한 지 몇 주일 지나지 않아 생산성이 높아졌다. 아프다고 결근하는 직원이 줄었고 직원들 사이의 애정이 어느 때보다도 돈독해졌다. 그해 생일날 그는 직원들로부터 생애 최고의 깜짝 생일 선물을 받았다. 그는 포장된 커다란 상자를 선물로 받았는데, 그 상자에는 그런 멋진 상사가 되어준 데 대해 직원들 각자가 그에게 감사하여 하나 이상씩 낸 하얀 딱지가 가득 들어 있었다.

앨리사와 데릭은 이혼을 심각하게 고려하던 젊은 부부였다. 그들이 이혼을 생각하게 된 것은 화해할 수 없는 차이점 때문이라기보다 일련의 작고 경솔한 습관 때문이었다. 나는 그들을 고객으로 맞아 '관계 911'이라고 이름 붙인 고강도 지도 프로그램을 통해 몇 가지 숙제를 냈다. 나는 그들에게 포기하기 전에 먼저 상대방이 잘하는 일을 가능하면 많이 포착해보라고 했다. 더불어 나는 서로에게 사랑의 쪽지를 쓰라고 말했다. 서로 칭찬하고, 서로에 대해 감사하고 현재를 인정해주는 내용으로, 최소한 하루에 한 번씩 쓰되 친밀하고 독창적일수록 좋다고 조언해주었다.

그중에서 가장 좋은 것은 베개 밑에 쪽지를 찔러넣거나 접시 밑에 카드를 숨겨놓는 것, 또는 과자 한 개를 쪽지로 감싸거나 약상자나 연장통 또는 찬장 안에 작은 기념품이나 선물을 넣어 상대방을 계속 놀라게 하는 것이었다. 그 아이디어는 인정 및 감사를 생활화하고, 서로를 놀라게 하면서 놀이하는 동심으로 돌아가게 하는 것이 목적이었다. 더불어 그들은 어떤 사안에 대해서도 치명적인 3C[Criticizing(비판하기), Complaining(불평하기), Condemning(나무라기)]를 꼬박 한 달 동안 가까이하지 않기로 했다.

굳이 언급해야 할 문제가 있을 때에는 '더하기 접근 방식'을 사용하여 그 문제들을 적으라고 충고했다. 그것은 잘못된 점을 지적하지 않고 해결책을 제시함으로써 어떤 것이든 해볼 만한 상황을 '더하는' 방법이다. "당신은 신용카드를 제때 결제하지 못했어. 그래서 지금 우리는 연체 이자를 내야 해."라고 말하지 말고 다음과 같이 적는 것이다.

"우리가 연체 이자를 물지 않도록 결제일 일주일 전쯤에 미리 날짜를 알려주는 파일 시스템을 가동하여 청구서를 제때에 지불하고 싶어. 나는 이 시스템을 설치하려고 하는데, 당신이 도와주었으면 해. 당신은 어떻게 생각해?"

얼마나 다른가! 앞의 비난식 접근 방식은 수치심과 거리감을 유발시키지만, 더하기 접근 방법은 신선하고 혁신적이며 새로운 가능성을 연다.

일주일도 지나지 않아 앨리사와 데릭은 둘 사이에 일어난 의사소통의 질적인 변화에 놀라움을 감추지 못했다. 그 전까지 그들은 자기들이 잘못한 일에 대해 얼마나 많이 생각하고 얼마나 많은 말을 쏟아냈는지 깨닫지 못하고 있었다. 그들은 뜻밖의 쪽지와 작은 선물을 주고받으면서 느끼는 동심의 기쁨에 놀라움을 금치 못했다. 그런 기쁨이 그들 관계에서는 거의 완벽하게 실종되어 있었던 것이다. 그들은 서로에 관해 이전에 알지 못했던 것을 많이 알게 되었다. 데릭은 앨리사가 보내준 깜짝 쪽지 가운데 하나를 읽고 나서야 자신의 우렁찬 웃음이 앨리사에게 얼마나 짜릿한 흥분을 안겨주었는지 알았다. 앨리사는 데릭이 카드에 쓴 글을 읽은 뒤에야 자기가 밤에 데릭에게 책 읽어주는 것이 그에게 얼마나 큰 의미가 되는지 깨달았다. 한 가족의 분위기가 안정과 놀이와 인정으로 가득 찰 때 삶은 늘 반복되는 따분한 일상이 아니라 끊임없는 모험이 된다.

앨리사와 데릭은 초기 3주일 과정을 끝낸 뒤에 이후 과정을 계속 밟았지만, 누가 보기에도 그들의 결혼 생활은 이미 전환점을 맞이하고 있었다. 그들이 부정적인 것을 확대하는 파괴적인 습관을 중지하는 데 전념하자마자 관계가 바뀌기 시작했다. 나중에 데릭은 이렇게 말했다.

"우리는 단순한 회복 이상으로 많은 것을 얻었습니다. 우리는 철저한 정밀 점검을 받은 셈이었죠."

해야 할 인정과
하지 말아야 할 인정

"칭찬에 대해 내가 할 말은 하나뿐이다 — 고맙습니다. 하지만 당신도 역시 그런걸요."
_ 빅터 보그

다른 사람을 인정해주는 것 같은 멋진 일을 하기 위한 지침이 필요하다고 생각하는 사람이 있을까? 하지만 우리 모두 알고 있듯이, 좋은 말을 사용하면서도 부정적인 메시지를 전달하는 사람들, 일정한 결과물을 얻기 위해 친절한 말을 하는 사람들이 분명히 존재한다. 이런 이유로, 다음과 같은 가이드라인이 유용할 수도 있다.

해야 할 인정
다음과 같은 인정은 타인과의 관계에서 친밀감을 높여준다.

- 겉모습보다 특징을 강조해라. 그 효과는 정말로 오래 갈 것이다.
- 다른 사람들을 인정할 때에는 그들에게 가장 뜻 깊은 방법으로 해라. 그것이 진정한 배려이다.
- 가장 문제가 되는 것들을 모두 말해라. 나중에 스스로 대견함을 느낄 것이다.
- 칭찬을 할 때에는 진지하게 해라. 사람들은 그 차이를 느낀다.
- 사랑하는 사람들을 자주 인정해라. 그것은 영혼을 위한 자양분이다.
- 다른 사람들 앞에서는 사람들을 칭찬만 해라. 그것은 깊은 긍정이다.
- 다른 사람들 덕분에 자기 인생이 풍요로워졌다면 그들에게 그런 사실을 이야기해주어라. 그것은 궁극적인 칭찬이다.

하지 말아야 할 인정

다음과 같은 인정들은 다른 사람들과의 관계에서 신뢰감을 떨어뜨린다.

- 성취나 성공을 과장하지 마라. 그것은 압력이나 긴장을 일으킬 수 있다.
- 다른 사람을 당황하게 하거나 엉뚱한 행동을 하지 마라. 사람과 상황에 맞게 행동해라.
- 원하는 것을 얻기 위한 수단으로 칭찬하지 마라. 궁극적으로 그것은 절대로 통하지 않는다.
- 지나치게 감성적이 되거나 애정을 나타내거나 수다를 떨지 마라. 담백하게 절제해라.
- 어떤 식으로든 어떤 이유로든 무성의해서는 안 된다. 사람들이 그런 낌새를 놓치는 경우는 거의 없다.
- 호감을 얻기 위한 목적으로 누군가를 인정하지는 마라. 대가가 너무 비

싸다.
- 한 사람은 칭찬하고 다른 한 사람은 방치하는 어리석음을 범하지 마라. 그것은 단결이 아니라 분열을 유발한다.

상황을 변화시키는 인정의 힘

"다른 사람의 좋은 점을 보려는 마음은 조화를 만들어내기 위한 첫걸음이다."
_ 윌리엄 제임스

인정이라는 단순한 행위는 가장 끈질긴 인간의 갈등까지도 바꿀 수 있는 잠재적인 힘을 갖고 있다. 홀로 열세 살짜리 쌍둥이를 기르는 마를라는 오누이 간의 다툼을 말리느라 힘겨운 생활을 하고 있었다.

"제이슨과 자넬은 끊임없이 말다툼하면서 한시도 쉬지 않고 티격태격하는 것 같아요."

마를라는 그렇게 설명했다. 그녀는 그 상황이 가족 전체에게 스트레스를 안겼기 때문에 가능한 한 빨리 진을 빼는 그들의 행동을 중지시키고 싶었다. 쌍둥이는 여섯 살배기 여동생이 다른 방에서 혼자 울고 있는데도 아랑곳하지 않고 서로 다투는 적도 있었다. 결국 마를라는 매일 밤 저녁 식탁에서 서로를 인정하는 훈련을 시키기로 결심했다.

처음에 쌍둥이는 그 아이디어에 결사적으로 저항하여 서로 인정하기는커녕 빈정거림만 난무했다. 하지만 엄마의 각오가 단단하다는 것을 깨달은 지 며칠 뒤, 그들은 "네가 주말에 얼마나 늦게 일어나는지 그 덕분에 그만큼 너와 상대하지 않아도 되니 정말 좋다."라는 식의 조롱 섞인 말투에서 조금씩

"네가 컴퓨터 사용법을 가르쳐줘서 고마웠어." 하는 식의 진정한 말투로 바뀌었다. 제이슨은 쌍둥이 누이에게 말했다.

"내 친구들이 왔을 때 친구들한테 말을 걸어줘서 정말 멋있었어."

시간이 지나면서 인정은 더욱 다정해졌다. 어느 날 저녁에 제이슨은 자넬에게 말했다.

"너는 누군가가 기분이 가라앉았을 때 무엇을 해야 하는지 잘 알고 있는 것 같아."

그러자 자넬이 화답했다.

"너는 내가 알고 있는 무척 재미있는 사람 가운데 한 명이야."

이 말에 제이슨은 참으로 의외라는 반응을 보였다. 제이슨은 자넬이 자신의 유머 감각을 괴팍하다며 무시한다고 생각하고 있었기 때문이다.

오래지 않아 이 세 자녀의 엄마는 쌍둥이가 우애의 싹 같은 것을 키우는 모습을 볼 수 있었다. 이듬해 9학년이 되자 제이슨과 자넬은 서로 감싸주고 무엇이든 이야기할 수 있는 관계가 되었다. 그들의 끊이지 않은 경쟁심과 신경을 자극하는 비판적 관계는 서로를 옹호해주는 우애 좋은 관계로 변모했다. 마를라 가족은 그런 광경을 보면서 대단히 큰 위안과 기쁨을 느꼈다. 마를라는 위험을 무릅쓰고 집안에 새로운 시도를 도입했으며, 그것은 초기에 조금 저항이 있었지만 결국 예상을 훨씬 뛰어넘는 효과를 거두었다.

인정은 수년에 걸친 언어적·육체적 학대로 인해 발생한 것을 포함하여 많은 상처들을 치료하는 효과를 갖고 있다. 30세의 젊은이 알렉스는 지금까지의 인생에서 보여주었던 것보다도 훨씬 더 많은 잠재력을 갖고 있었다. 그는 불안정하고 마약에 중독된 부모가 있는, 이른바 문제 가정에서 자랐다. 무시와 육체적 학대 사이에서 그의 재능은 발휘되지 못했고, 그런 약점 때문에 그는 늘 조롱을 받았다. 알렉스는 어린 시절 내내 매질이나 결핍을 비롯하여 가혹한 처벌의 대상이 되고, 잔인한 평판과 욕설로 심한 마음의 상처를 받기가 일쑤였다. 그는 자주 '패배자', '게으른 개', '멍청한 바보'로 불렸다.

이런 역경에도 불구하고 알렉스는 수학과 과학 그리고 영어에서 뛰어난 성적을 낸 매우 지적인 소년이었다. 알렉스는 선천적으로 운동을 잘했으며 초등학교 때는 말하자면 스포츠 스타 같은 존재가 되었다. 하지만 시간이 지나면서 그에게 던져지는 경멸적인 말들이 그를 판단력 마비 상태로 몰고 갔고, 그는 결국 스포츠에서나 학교에서나 성공하겠다는 의지를 잃고 말았다. 십대 때 그는 수많은 재능들을 흘려버리고 술을 마시기 시작했다. 그는 방황하면서 많은 시간을 허비했다.

그렇게 세월은 갔고 어느덧 알렉스는 한 여인과 결혼을 했다. 그녀도 알렉스와 비슷한 환경에서 자랐고 그들은 다툴 때마다 서로에게 상처를 주는 데 익숙해졌다. 10년이 넘는 기간 동안 알렉스는 박봉의 그저 그런 직장에서 일하면서 자기 비하를 심화시켰다. 탈도 많았던 그의 결혼 생활은 결국 아름답지 못한 이혼으로 끝이 났고 이혼은 그에게 패배감만 더해주었다. 알렉스는 그저 살아가기 위해 흥도 안 나는 일을 하면서 목적지도 없이 흐르는 대로 그저 생존하고 있었다. 그는 낮에는 일을 하고 밤에는 그의 '오래된 좋은 친구들'과 함께 술을 마시면서 하루하루를 보냈다.

이런 문제가 있었는데도 그는 좋은 심성과 믿을 수 없을 정도의 동정심을 갖고 있었다. 그런 성품 덕분에 그의 주위에는 늘 많은 사람들이 있었는데, 그중에는 라리사라는 젊고 아름다운 여성도 있었다. 알렉스가 라리사를 만나고 이윽고 그녀와 재혼하면서 그의 진정한 본성이 비로소 꽃을 피우기 시작했다. 라리사가 그의 인생으로 들어와 베푼 사랑과 지원은 숨 막히던 그의 환경에서 산소와 같았다. 라리사는 자라면서 칭찬과 인정을 많이 받았으며 다른 사람들의 재능을 볼 수 있는 능력을 갖고 있었다.

알렉스를 만났을 때 라리사는 그가, 그녀의 현명한 표현대로, 조금 '잘못 인도되었을 뿐' 믿을 수 없을 만큼 특별한 사람임을 알아보았다. 그녀는 그의 독특한 재능을 보았고 그에게 그의 성공 능력을 확신한다고 말해주었다. 알렉스가 자신의 능력을 의심하거나 자기 비판적인 태도를 보일 때마다 그녀는 '새로운 눈'을 통해 자신을 보라고 권했다. 자연스럽게 그도 그녀의 애정에 반응했고 그들의 호감은 진정한 사랑으로 꽃피웠다. 2년이 안 되어 그들은 결혼했고 알렉스는 과감하게 사업을 시작했다. 그 사업을 통해 알렉스는 원만한 대인관계와 선천적인 총명성을 더욱 활용할 수 있었다. 사업가로서 알렉스는 늘 품고 있었던 혁신적인 생각들을 반영하여 새로운 이력을 창조해냈다.

알렉스는 자기의 성공이 아내의 지속적인 사랑과 인정이라고 생각했다. 그녀가 곁에 있으면 그는 멈출 수 없음을 느낀다. 그녀는 시기적절하게 칭찬해주고 그의 잠재력을 결코 놓치지 않았다. 처음으로 그는 자기 분야의 최고봉에 오르기 위해 열심히 일할 뿐만 아니라 자신의 모든 재능을 이용할 수 있었다. 지금 그는 사랑하는 아내와 아들딸들과 함께 멋진 집에서 살고 있다. 그는 아이들을 부를 때 애정을 듬뿍 담아 '유성들'이라고 한다.

통찰력을 가진 젊은 여성이 사랑과 인정의 힘을 통해, 재능은 있지만 잘못 인도된 젊은이에게 영감을 불어넣어줌으로써 제 능력을 발휘하지 못하던 사람이 자신의 능력을 마음껏 발휘할 수 있게 했다. 매일 이런 식으로 아이들을 인정해주었을 때 얻을 수 있는 엄청난 효과를 상상해보라. 이보다 더 큰 사랑은 없다.

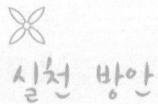
실천 방안

1. 매일 다섯 가지 성취 훈련을 실시해라.

매일 성취 일지 적기를 생활화하고(그리고 아이들도 똑같이 하도록 장려하고) 매일 밤 자기 전에 다섯 가지 성취를 기록해라. 자기가 잘한 일이 얼마나 많은지 놀랄 것이며, 스스로를 대견하게 생각하며 잠들 것이다. 그리고 이룩한 성취를 매주 최소한 한 명의 믿을 만한 사람에게 이야기해라. 온 가족이 매일 저녁식사 때 다섯 가지 성취를 서로 이야기하거나, 모든 가족이 보고 인정할 수 있도록 부엌에 보드를 걸어놓고 성취한 것을 매일 적도록 해라.

2. 3A를 습관화해라.

매일 인정, 감사 그리고 경외를 표현해라. 그러면 가라앉은 기분을 고양시킬 수 있고, 통찰력을 얻으며, 긍정적인 에너지와 영감을 가진 사람들이 주위로 몰려들 것이다.

아이들이 보내는 메시지
"인정의 힘에 대해"

사랑하는 엄마, 아빠.
두 분은 언어의 힘으로
우리를 튼튼하게 키울 수도 있고 무너뜨릴 수도 있는
열쇠를 갖고 있습니다.

두 분이 우리의 잘못을 강조할 때
우리는 비판적인 사람이 되는 법을 배운답니다.
두 분이 우리가 잘하는 것에 관심을 집중할 때
우리는 자기 수용을 배운답니다.

두 분이 우리를 비판하거나 깎아내릴 때
우리는 자책을 배운답니다.
두 분이 우리를 칭찬하거나 인정할 때
우리는 더 좋은 사람이 되는 법을 배운답니다.

그러니 부디 우리를 자주 인정해주세요.
그리고 우리가 잘하는 일을 칭찬해주세요.
우리의 행동은 극적으로 좋아지고
우리의 자부심은 하늘을 찌를 테니까요.

06 긍정적인 훈련을 정중하게 사용해라

자제하도록 가르쳐주세요,
친절하게 바로잡아주면서.
우리는 자존심과 긍지를 갖고
품위 있게 살아갈 거예요.

모든 아이들에겐 일관성이 필요하다. 아이들과 일을 하거나 함께 사는 사람은 누구나 아이들이 쉬고, 공부하고, 놀고, 배우고, 규칙적으로 식사하고, 어른이나 친구들과 긴밀한 시간을 갖는 것이 적절하게 조화를 이룰 때 최고의 능력을 발휘한다는 사실을 안다. 아리스토텔레스는 다음과 같이 말했다.

"우리가 되풀이해서 하는 것이 바로 우리 자신이다. 따라서 뛰어나다는 것은 행동이 아니라 습관이다."

아이들은 분명한 규칙과 건전한 한계를 부여받았을 때 가장 잘 자라는 것 같다. 그것들은 아이들에게 의지할 수 없는 환경의 혼란이 아니라 구조적 안정을 준다.

딸 줄리아는 어렸을 때 낮잠 자는 것에 저항이 심했다. 아주 드물게, 너무 기진맥진하여 포기하는 것 말곤 다른 대안이 없을 때에만 그 저항이 누그러졌다. 아기 때 줄리아는 침대에 눕히기만 하면 기력이 바닥날 때까지 오랫동안 울곤 했다. 아장아장 걸을 정도가 되었을 때에는 가끔 침대에서 일어나 움켜쥔 주먹을 머리 위로 올리고는, 낮잠 같은 쓸모없는 일 때문에 재미있는 한 나절을 희생해야 하는 것이 도무지 이해가 안 된다는 표정을 짓곤 했다. 하지만 모든 어른들이 알고 있듯이, 줄리아가 온몸으로 거부했던 낮잠은 휴식과 성장과 건강을 위해 반드시 필요한 미의 수호자이기도 하다.

내가 매일 이런 일을 겪는 것이 너무도 힘들다고 생각해서 낮잠을 재우지 않기로 했다면 어떻게 되었을까? 단기간으로 본다면 그것이 더 편했을지 모르지만 결국은 나의 어린 딸에게 해가 되었을 것이다. 줄리아는 많은 나날들을 과도한 피로 속에서 보냈을 것이며, 십중팔구 주위 사람들에게 쉽게 짜증을 냈을 것이다. 지치고 신경질적인 아이들 중에서 다른 사람들과 협력하고 나누는 방법 또는 "미안하지만"이나 "고맙습니다"와 같이 말하는 법을 기억할 수 있는 아이가 몇 명이나 될까? 줄리아는 조용하고 안정감 있는 지정된 장소가 없이도 아무 데서나 쓰러져 잠을 잘 수 있다. 하지만 그랬다면 아이는 생활 방식이 어딘가 모르게 일관되지 않음을 본능적으로 느꼈을 것이다. 그리고 이런 혼란스러운 상황은 모든 사람들에게 혜택이 아니라 짐으로 고스란히 돌아갔을 것이다.

어린 아기를 키우는 젊은 미혼모 카렌은 엄격하지 않은 집에서 자라나 아들 브라이언에게 어떻게 일관성을 지켜주어야 할지 알지 못했다. 브라이언은 스스로 잠이 들 때까지 밤늦도록 방치되어 밤 11시나 12시가 넘도록 깨어 있기 일쑤였다. 브라이언은 먹고 싶은 것은 언제라도 무엇이나 먹었고 곧잘 냉장고로 가서 손에 닿는 것은 무엇이나 꺼내 먹었다. 아기는 엄마의 다리를 잡아당기면서 마구 흐느껴 울기만 하면 엄마의 관심을 끌 수 있음을 아주 잘 알고 있었다. 아기는 엄마가 전화 통화를 할 때 곧잘 그렇게 했는데, 그러면 엄마가 자기를 조용히 시키기 위해 곧잘 사탕을 주었기 때문이었다. 브라이언은 골이 나면 악을 쓰고 울었다. 그럴 때마다 주위에 있는 모든 사람들, 특히 엄마는 아기에게 쩔쩔 매면서 울음을 그치게 하기 위해서라면 무엇이든 가리지 않고 했다.

카렌의 거실은 반일제 놀이방과 비슷했다. 장난감들이 거실 곳곳에 널려 있고 정리되는 적이 좀처럼 없었기 때문이다. 말할 필요도 없이 브라이언은 이미 동네 놀이방에서 '행동 장애아'로 인식되었고, 세 살이라는 어린 나이에 벌써 학교 규칙을 따르기 어려울 것이라는 진단이 나왔다. 브라이언이 진정으로 원했던 것은 한계와 시간 규칙, 일관성 있는 환경이었다. 그 아이가 사회적으로 서툰 것은 다른 무엇보다도 가정에서 겪고 있는 혼란 및 비일관성과 관계가 깊다. 만약에 카렌이 다음에 나열된 열두 가지 표시들에 따라 가정 만드는 법을 이해했다면 브라이언은 매우 다른 놀이방 경험을 하게 되었을 수도 있다.

건강하고 일관된 환경을 나타내는
열두 가지 표시

"일관성은 자제를 낳는다."
_프리드리히 니체

모든 사람들이 이해할 수 있는 공정한 규칙이 일관적이고 지속적으로 적용되는 환경에서 자라는 아이는 균형을 유지하고 협동적인 태도를 취한다. 아래의 점검 목록들을 이용하여 자기 집 또는 자신이 어렸을 적에 자랐던 집의 일람표를 만들어보아라. 그리고 그것을 이용하여 자신의 집에서 현재 이루어지고 있는 일관성의 수준이 어느 정도인지 조사해보아라.

1. 온 가족이 함께하는 규칙적이며 영양 많은 식사.
2. 단 것을 제한한 영양 많은 간식.
3. 특히 학교에 다니는 동안, 일정한 시간에 잠자리에 들기.
4. 주중이나 주말에 나이에 어울리는 귀가 시간 지키기.
5. 나이에 어울리는 집안일에 지속적으로 참여하기.
6. 대부분의 시간 동안 집 안에서 어느 정도의 청결과 정돈을 유지하기.
7. 가족 구성원들 사이에 존중하는 태도 및 긍정적인 의사소통하기.
8. 숙제나 집안일을 일정에 맞춰 완벽하게 완성하기.
9. 텔레비전, 전화, 인터넷 또는 비디오 게임을 합리적으로 제한하기.
10. 감정, 욕구, 차이, 사생활에 대해 형제들이 서로 존중하기.
11. 부모 및 가족 모두와 지속적으로 유대 깊은 시간 갖기.
12. 결과에 대해 공정하고 자연스러운 대가가 존재하는 명백한 규칙과 약속을 갖기.

건강하지 않고 일관되지 못한 환경을 나타내는 열두 가지 표시

"일관성이 없는 곳에 도덕적인 힘은 없다."
_ 존 J. 오웬

자기 가정에서 어떤 부분을 개선해야 할지 알아보기 위해 아래의 목록을 점검해보아라. 해당되는 사항이 있다면 그것은 고쳐야 할 혼란이나 불예측성의 영역이다. 이 열두 가지 목록을 지침으로 삼아, 이 중 체크된 것을 하나씩 없애려고 노력해라.

1. 시간이 불규칙하고 따로 따로 이루어지는 식사.
2. 언제든지 먹을 수 있는 인스턴트식품, 사탕, 과자 같은 간식.
3. 학교에 가는 날이든 주말이든 잠드는 시간이 불규칙적인 것.
4. 나이에 어울리지 않는 귀가 시간(너무 이르거나 너무 늦거나) 또는 귀가 시간이라는 것 자체가 없는 것.
5. 나이에 어울리지 않는 집안일(너무 적거나 너무 많거나).
6. 대부분의 시간 동안 어질러져 있고 혼란스러우며, 쓰레기가 쌓여 있고 무질서한 집 안 상태.
7. 가족 구성원들이 서로에게 무례하게 구는 것.
8. 규칙적인 숙제 시간 또는 숙제에 대한 감독이 없는 것.
9. 텔레비전, 전화, 인터넷 또는 비디오 게임에 제한이 없는 것.
10. 감정, 욕구, 필요, 차이 또는 사생활에 대해 형제들이 서로 존중하지 않는 것.
11. 부모와 자식 사이의 유대감을 돈독히 하는 시간이 불규칙적이거나 아예 없는 것.
12. 규칙과 약속이 불분명하여 처벌이 일정하지 않고 흐지부지한 것.

지나친 자유의 해악

"자신을 통제하지 못하는 자는 자유로울 수 없다."
_ 윌리엄 셰익스피어

평생 버리지 못하는 대단히 뿌리 깊고 비생산적인 습관들을 거슬러 올라가 보면 자기 수양이 부족했던 어린 시절의 생활 패턴이 원인인 경우가 많다. 나는 고객들과 일을 하면서 이런 경우를 자주 보았다. 대표적인 경우가 42세의 말리아였는데, 그녀는 일을 피하고 질질 끄는 습관을 평생 버리지 못하다가 이제 타개책을 찾고 있었다.

> 내가 어렸을 적에 그리고 십대 시절 내내, 우리 가족은 나를 '굼벵이'라는 별명으로 불렀어요. 이 탐탁지 않은 별명이 어디에서 유래했는지 확실히 모르지만, 나는 집안 전체에서 행동을 가장 굼뜨게 함으로써 별명에 걸맞게 살았죠. 나는 어떤 일이든 중도에서 그만둘 수 있었고 내가 맡은 일을 끝내기 위해서는 영원처럼 보이는 시간을 소비했습니다. 나는 30분이면 끝낼 수 있는 일들을 시작했다가 여덟 시간 뒤에까지 일을 마치지 않을 수도 있었어요!
>
> 나는 맡은 일을 마치지도 않고 빈둥거리면서 하루를 보냈던 수많은 토요일들을 지금도 생생하게 기억합니다. 공상에 잘 빠지고 쉽게 산만해지는 성격 덕분에, 진공청소기로 거실을 청소하는 지극히 단순한 일을 하는 도중에도 음악에 맞춰 춤을 추고, 몇 군데 전화를 걸고, 서랍들을 뒤적이고, 동생과 함께 잠깐씩 놀이에 빠졌죠. 간단한 일 몇 가지를 하는 데 몇 시간이나 걸린다는 사실이 나에게는 전혀 이상한 일이 아니었어요!

이 모든 것들 가운데 가장 답답했던 것은 나의 대책 없는 꾸물거림에 대처하는 부모님의 방법이었습니다. 부모님은 내가 합리적인 시간 내에 일을 끝마치지 않아도 어떤 개선 방안이나 책망 없이 그대로 나를 방치했어요. 우리 부모님의 철학은 '그것을 하는 데 하루 종일 걸린다면 그 아이는 그날을 헛되이 보내는 것이고 그 아이는 그렇게 살아야 할 것이다!' 였습니다. 이런 접근 방법의 문제점은, 내가 배웠으면 좋겠다고 부모님이 생각하는 교훈들을 내가 절대로 배우지 못한다는 사실이었죠. 내가 배운 것이라고는 내가 조금 모자라다거나 심지어 장애인이라는 것 그리고 그것이 나아질 희망이 없는 것 같다는 것이었으니까요.

나는 이런 경우에 뒤따라오는 부끄러움을 자주 겪었지만 상황은 더욱 나빠지기만 했습니다. 나는 언니가 외출했다가 들어오면서 '넌 아직도 숙제를 하고 있니?' 하고 어이없다는 표정을 지을 때 움츠러들었던 사춘기 즈음의 시절을 생생하게 기억하고 있답니다. 부모님은 가끔 서로 점검을 하고 나서 말하곤 했어요.

"그럼, 그 아이가 오늘은 얼마나 많은 시간을 허비한 거지?"

그나마 이 말이 부모님들이 일찍이 나에게 했던 말들 중에서 가장 건설적인 말이었다는 소리를 차마 할 수는 없겠죠!

고등학교에 다닐 때에는, 꾸물거리는 습관이 다방면에서 더욱 문제를 일으켰습니다. 학교에 지각하는 일이나 과제를 제때에 마치지 못한 벌로 경고 딱지를 받고 방과 후에 남아야 하는 일이 자주 있었죠. 또한 그때그때 공부하는 대신 뒤로 미루는 능력이 매우 발달되어 있었기 때문에 시험이 다가오면 시험 전날 밤을 새워 벼락치기 공부를 하다가 한잠도 못 자고 학교에 가곤 했어요. 상급생일 때는 파트타임 아르바이트 일에 너무 자주 지각을 해서 해고되는 일이 한두 번이 아니었고요.

말할 필요도 없이, 이 골치 아픈 습관은 성인이 된 뒤에도 그대로 이어졌어요. 남편과 아이들은 수년 동안 우물쭈물하는 나의 태도와 싸워야 했답니다. 내가 여전히 일을 미루는 엄청난 능력을 갖고 있었기 때문이죠. 나는 온갖 서류 관련 일과 우편 업무들을 제때에 하지 않고 책상, 조리대, 벽장 그리고 차고 등 집 안 곳곳에 아무렇게나 쌓아두는 일이 많았어요. 나는 뒤늦게 전화 답신을 하고, 약속 장소에 늦게 나타나고, 친목 행사에 늦었습니다. 작년에 남동생이 결혼할 때 남편과 아이들은 내가 결혼식에 늦을 거라고 확신하고는, 나와 함께 허겁지겁 뛰어가야 하는 사태를 피하려고 따로 차를 몰고 가버렸죠. 그 사건은 내게 커다란 경종이 되었습니다. 왜냐하면 가족들의 태도는 차치하더라도, 제 시간에 닿기 위해 필사적인 노력을 했음에도 불구하고 나는 결국 동생의 결혼식에 늦고 말았기 때문이죠.

최근에 나는 이런 나쁜 습관들을 해결하고 새로운 생활 방식을 확립하려고 마음먹으면서 도움을 받기 위해 전문가를 찾아가 지원 그룹에 가입했습니다. 나는 일정을 짜고 시간 약속을 지키고, 일을 마무리하는 기술을 배우는 데 너무 늦는 법은 없다는 사실을 깨달았어요. 너무 많이 자유로움으로써 내가 치러야 했던 대가는 무척 컸습니다. 나는 결국 '지금까지로 충분하다'는 것을 알고 절대로 옛날로 돌아갈 수는 없음을 알게 되었어요.

나는 자신을 옥죌 밧줄을 너무 많이 준 것에 대해 더 이상 부모님을 원망하지 않아요. 하지만 내가 알고 있는 모든 부모들에게, 자식들에게 시간을 관리하고 일을 마무리 짓는 그 중요한 기술을 가르치라고 강력하게 이야기하죠. 아이들에게 일을 끝낼 수 있는 합리적인 시간을 주고, 그 시간 내에 일을 마치지 않았을 때 받을 수 있는 타당한 처벌을 미리 알려주는 것은 아이의 성장과 발달에 반드시 필요한 법이에요.

아이가 오전 11시까지 아침식사를 끝내기로 미리 약속되어 있었는데도 이를 지키지 못했다면, 아침과 점심식사를 한꺼번에 하는 것이 이치에 맞습니다. 만약 아이가 늦게 일어나 학교 가기 전에 이부자리를 정리하지 못했다면, 다음날에는 식구들의 모든 이부자리를 정리하게 하는 것이 그런 일이 자주 재발하는 것을 막아주지요. 당장에는 아이들이 좋아하지 않겠지만 그런 결과가 반복된다면 그것은 아이들에게 일생 동안 두고두고 보탬이 될 것입니다. '개심한 굼벵이' 이자 엄청난 지각쟁이인 나를 보면 알 수 있죠!

—

건강한 자기 수양은
반드시 필요한 덕목이다

"자기 수양은 황금 열쇠이다.
그것이 없으면 행복도 없다."

_ 맥스웰 말츠

모든 부모는 자식이 자부심을 갖고 다른 사람들의 신뢰를 얻기 바란다. 사랑과 관심을 받고 있다고 느끼는 아이는 꽤 큰 자부심을 갖게 되지만, 진정한 존중은 사랑이나 관심을 받는 것과 자기 관리의 경험이 균형을 이루었을 때 받을 수 있다. 자기 관리는 철저한 자기 수양에서 나온다. 아이가 얼마나 다른 사람들의 신뢰를 얻을 수 있는지는, 자기 수양 능력을 얼마나 발휘하느냐가 가장 중요한 덕목이다.

자기 수양을 하는 아이는 밖에 나가서 놀고 싶을 때 어려운 숙제를 마치는 것, 아침 운동을 위해 아직 어두컴컴할 때 이부자리를 개는 것, 화가 났을 때도 다른 사람을 존중하여 험한 말을 사용하지 않는 것 등 매일 부딪히는 일에서 일정한 선택을 하면서 어려움을 겪는다. 로욜라 대학교에서 최근에 실시한 조사에 따르면, 학교에서 실패하는 것과 가장 관련이 높은 것은 자기 수양의 부족이었다. 아래 목록은 어른이나 아이가 육성할 일곱 가지 주요 특징들이다.

자기 수양이 잘된 아이의 일곱 가지 특징

1. 정리 정돈 : 방이나 개인 공간이 대부분의 시간 동안 깨끗하게 정리되어 있다.
2. 책임감 : 공부나 맡은 일들을 시간에 맞게 그리고 대체로 잘 해낸다.
3. 짜임새 : 나이에 맞는 일정, 일의 목록, 계획 등을 소화할 수 있다.
4. 시간 엄수 : 지각을 하지 않고 맡은 일을 정해진 시간 안에 끝낼 수 있다.
5. 상황 파악 : 분위기를 조절하고 적당한 방법으로 감정을 표현할 수 있다.
6. 협동 : 문제의 여러 측면을 볼 수 있는 능력이 있고, 전체를 위한 팀플레이를 한다.
7. 존중 : 나이와 상관없이 상대방을 존중한다. 정중하고 도움을 주며 배려하는 자세를 갖고 있다.

친절한 태도로 잘못된 행동을
바로잡아주어라

"친절하고 존중하는 태도로 아이의 잘못을 고쳐주어라.
그러면 아이는 존경하고 친절한 태도로 그에 응할 것이다.
당장은 아닐지라도 머지않아 틀림없이!"

_ 달라이 라마

나는 최근에 동네 놀이방에서, 지친 네 살짜리 아들을 데리러 급히 달려가는 엄마를 보았다. 아이는 25명이 넘는 또래 아이들 틈바구니에서 오랜 시간을 보낸 상태였다. 아이는 엄마가 스트레스 잔뜩 쌓인 얼굴로 도착하는 것을 보자 갑자기 옆에 있는 아이의 손에서 장난감을 낚아채더니 그 장난감으로 그 아이의 머리를 때리고 달아났다. 그 광경을 본 아이의 엄마는 반사적으로 아이에게 달려가 아이의 움켜쥔 손에서 장난감을 빼앗으려고 하는 한편 아이의 손을 찰싹 때리며 말했다.

"브레트, 이게 무슨 짓이니? 왜 그렇게 못됐어? 그거 돌려주고 미안하다고 말해, 얼른!"

누구나 예상할 수 있듯이 이런 태도는 아이의 태도를 더욱 악화시킬 뿐이다. 아이는 탁자 밑으로 달려가 발길질을 하며 울어대기 시작했다. 아이의 엄마도 아이의 행동에 반발하여 손바닥으로 아이를 때리는 등 친구들 앞에서 창피주기를 계속했다. 엄마 자신도 놀이방에 늦게 왔다. 엄마는 아이를 꼭 안아주면서 먼저 지각한 데 대해 아이에게 사과했어야 하지 않았을까?

아이의 부적절한 행동에 초점을 맞추어 질책함으로써, 아이 엄마는 부정적인 측면을 부각시켰다. 게다가 그녀는 아이를 때리고 아이가 얼마나 못됐는지 말함으로써, 아이의 바로 그 잘못된 행동의 본보기를 보여주고 있었다.

만약 회사 동료가 자기가 좋아하지 않는 어떤 일을 했다고 해서 그런 식으로 반응한다면 얼마나 많은 동료를 잃을지 생각해보아라. 아무리 무던한 어른이라도 참지 못할 만한 무례를 아이에게는 범해도 괜찮다는 생각은 도대체 어디에서 연유하는가?

피곤에 지친 이 엄마가 아들을 옆으로 살짝 불러내어 먼저 늦은 것을 솔직히 사과한 다음, 네 심정을 이해한다는 식으로 다음과 같이 말했다면 얼마나 더 효과적이었을지 상상해보아라.

"정말 미안해 브레트. 오랫동안 엄마를 기다리느라 힘들고 짜증났지? 그리고 틀림없이 배도 고플 거야. 그래서 엄마가 먹을 것 좀 사왔어. 빨리 폴에게 사과하고 그 장난감을 되돌려주고 집으로 가자."

브레트는 엄마의 사과에 기분이 좋아져서 자기 잘못을 더욱 쉽게 바라볼 수 있었을 것이다. 그리고 별다른 불평 없이 친절하고 정중한 태도로 사과했을 것이다. 잘못된 행동을 고쳐줄 때 친절하고 존중하는 태도를 취한다면 아이들은 다른 사람뿐만 아니라 자기 자신을 존중하는 방법도 배운다.

건설적인 방법으로
나쁜 행동을 제어해라

"약한 근육을 강화시키는 것과 아주 똑같은 방법, 즉 매일매일 조금씩 연습하는 방법으로 자기 통제를 실행할 수 있다."

_ W. G. 조던

대부분의 아이들은 자라면서 충동적인 행동이나 어떤 형태의 잘못된 행동을 하는 단계를 최소한 한두 번씩 겪는다. 어떤 아이들은 걸음마를 하는 시기에 그런 단계를 겪기도 한다. 또 어떤 아이들은 놀랄 정도로 협동적인 태도를 유지하다가도 내적 혼란이 높아지는 사춘기에 진입하여 돌변하기도 한다. 일부 부모들은 자기 자식이 16세가 될 때까지 거의 아무런 애를 먹이지 않았다고 자랑한다. 그리고 일부 아이들은 어른이 되어가는 어려운 과정을 맞아 성공적으로 집을 떠나기도 한다. 나이는 문제가 안 된다. 중요한 것은 잘못된 행동이 나타났을 때 되도록 빨리 대처하는 것이다. 또한 잘못된 행동을 고쳐주려고 할 때 상대방을 배려하고 건설적인 방법으로 하는 것이다.

부모가 모든 연령의 자식에게 보낼 수 있는 가장 의미 있는 메시지는 '네 행동을 고쳐주어야 하겠지만 지금도, 앞으로도 늘 너를 사랑할 것이다' 이다. 두 아이에게 헌신적인 어머니인 로빈은 입양한 아들이 조금 걱정스러운 방법으로 충동적인 행동을 하기 시작했을 때 가족이 겪은 어려움을 다음과 같이 설명했다. 로빈 부부는 그 아이의 잘못된 행동을 건설적으로 통제하는 데 초점을 맞춤으로써 꽤 효과적이고 창조적인 문제 해결 방법을 생각해낼 수 있었다고 한다.

> 남편과 내가 이제는 우리 딸 에밀리의 동생을 볼 수 없다는 것을 알았을 때 몇 년 기다려보고 입양하기로 했습니다. 딸이 열 살이 되었을 때 우리는 기쁘게도 한국의 네 살배기 사내아이를 입양할 기회를 얻었습니다. 우리는 새 식구를 사랑했지만 얼마 지나지 않아 켄트에게는 우리를 정말 좌절시키는 몇 가지 문제가 있다는 것을 알았습니다.
>
> 우리와 같이 산 지 두세 달쯤 지나 새로운 환경에 적응하고 그에 따라 영어 어휘력도 증가하면서 켄트는 여러 가지 방법으로 충동적인 행동을 하기 시작했습니다. 그는 친구들과 누나에게 험악한 말을 썼고, 심지어는 우리를 이름으로만 부르기까지 했어요. 우리가 말하는 것이

마음에 들지 않으면 켄트는 이렇게 소리치곤 했죠.

"입 닥쳐, 바보야!"

"저리 꺼져, 멍청이야(또는 그보다 더 험한 말)!"

우리가 방을 청소하라거나 접시를 치우라고 하면 켄트는 기분이 나빠져서 날카롭게 소리 지르곤 했습니다.

"싫어, 미워! 그냥 놔둬!"

누나나 친구들이 제 뜻대로 움직여주지 않을 때 켄트는 때때로 방 건너편으로 무엇인가를 던져 우리를 깜짝 놀라게 하곤 했어요. 우리는 그런 공격적인 행동을 중지시키기 위해, 모든 행동을 일시 정지시키는 타임아웃이나 그 밖에 합리적인 꾸중이나 벌을 주는 등 여러 가지 전략을 시도해보았죠. 하지만 어느 것도 이렇다 할 효과를 내지 못했어요. 그러던 어느 날, 에밀리는 순전히 화가 나서 켄트를 작은 악마인 '그렘린'이라고 불렀어요. 그런데 그 이름 덕분에 사태는 전혀 엉뚱한 방향으로 흘러 마치 의사가 처방을 내려서 그렇게 한 것처럼 되었죠. 우리는 켄트가 충동적인 행동을 할 때 효과도 없는 타임아웃을 그만두고, 마치 우리 집의 새로운 캐릭터인 양 '그렘린'을 상대하기 시작했어요.

켄트가 무엇인가 거친 말을 하면 우리는 "와, 뒤에 그렘린이야."라고 말하곤 했죠. 우리는 "네가 충동적인 행동을 멈추지 않는다면 키스를 해서 혼을 빼놓을 것"이라고 그렘린에게 놀이처럼 경고했습니다. 얼마 지나지 않아 켄트의 거친 말은 문제라기보다는 오히려 놀이처럼 되었어요. 또한 익살맞은 요소를 더한 덕분에 켄트를 자극할 만한 요소를 없앨 수 있었고, 한편으로 아무리 험한 말을 해도 우리가 켄트의 기대만큼 화를 내지 않는다는 것을 알게 했습니다.

우리는 켄트로부터 나쁜 말을 들을 때마다 그렘린에게 말하기 시작했습니다. 그렘린은 오직 울부짖는 소리, 구슬픈 소리, 끙끙거리는 소리로만 의사소통을 할 수 있었는데 그것이 무척 재미있었죠. 우리는 켄트를 쫓아다니다가 켄트를 잡으면 번쩍 들어 올리거나 포옹 또는 키스 세례를 퍼부었어요. 그러면 그렘린은 겉으로 '질색' 했지만 한편으로는 은근히 즐기는 것 같았죠. 때때로 우리는 켄트와 슬로 모션 레슬링을 하기도 했는데, 그럴 때 켄트는 어김없이 환하게 웃었어요. 그리고 켄트가 웃자마자 주문은 풀리고 그렘린은 사라졌죠.

어떤 아동심리 치료사는, 켄트의 충동적 행동은 켄트가 알고 있는 유일한 스트레스 발산법일 것이라고 설명해주었습니다. 켄트는 태어난 지 몇 년 지나지 않아 재정적 파탄을 맞은 고아원에서 다른 고아원으로 옮겨졌는데 우리는 그 과정에서 켄트가 무시당하거나 영양을 제대로 섭취하지 못했거나 학대를 받았을 수도 있다고 생각했어요. 아동심리학자인 내 친구의 전문적인 설명에 따르면, 우리는 '진짜 켄트가 아닌' 신경질적이고 파괴적인 한 캐릭터를 상대함으로써 우리 아들에게 혁신적인 방법을 사용하고 있었던 것입니다. 어쨌든 우리가 알고 있는 것이라고는 그것이 효과를 발휘하고 있다는 점이었죠.

1년도 지나지 않아 행동 문제는 극적으로 줄었습니다. 켄트는 학교에서 연극을 시작했고 학예회에서는 배역을 맡았어요. 그는 학교에서 더 많은 아이들을 배척하는 대신에 새 친구를 몇 명 사귀었습니다. 우리는 가능할 때마다 그의 정중하거나 착한 행동을 인정해줌으로써 긍정적인 측면을 강화했어요. 그리고 때때로 슬며시 고개를 내미는 켄트의 험악한 캐릭터, 즉 그렘린을 계속해서 재미있게 다루었죠.

켄트가 더욱 믿을 만한 아이가 되어가면서, 그렘린은 우리에게 '나쁜 사람들, 우는 아기들 그리고 몹시 굶주린 어린 아이들'에 관한 우울한 이야기를 하기 시작했어요. 우리가 그 아이들을 동정하자 그는 우리의 무릎으로 뛰어들어 아기 자체로 변하곤 했어요. 우리는 커다란 담요로 그를 감싸 안고 먹을 것을 주고 이제 너는 안전하다고 말해주곤 했어요. 이때쯤에서 자신의 심정을 이해받고 안정을 확인하고 싶은 켄트의 근원적인 욕구가 겉으로 더욱 드러나고 투명해졌으며 우리 모두는 그것을 승리라고 간주했습니다.

몇 년이 지나면서 우리 아들은 어려운 감정을 처리하기 위해서 또는 그저 가족을 웃기기 위해서 더욱 재미있는 수많은 캐릭터들을 고안해냈습니다! 나는 매우 어려운 상황을 관리 가능하게(그리고 결국에는 마술적으로) 만들기 위해 창조력과 유머 그리고 쾌활함을 첨가해보라고 모든 부모들에게 권하고 싶습니다.

처벌 대신 자연스러운 결과를 이용해라

> "모든 재산 가운데 가장 소중한 것은 우리 자신을 통제하는 힘이다."
> _ 존 로크

아이의 행동을 고쳐줄 필요가 있을 때, 그런 상황에 대처하는 두 가지 방법이 있다. 첫 번째는 그런 행위를 한 아이를 벌주는 것으로, 그런 행위는 용인되지 않거나 나쁘다는 메시지를 전달하는 것이다. 두 번째는 자연적인 결과를 보여주는 것으로, 아이에게 자신의 행동에는 결과가 따른다는 것을 알게 하는 것이다.

예를 들어 어떤 아이가 동생을 괴롭힌다면 즉각적인 처벌로는 꾸짖기, 가벼운 체벌, 또는 일정한 제재(예를 들면 그날 밤에 간식을 안 준다든지 텔레비전을 못 보게 하는 것) 등이 있을 것이다. 반면에 자연적인 결과를 보여주는 것으로는 그 아이가 동생에게 진지한 태도로 사과를 하게 하고, (가능하다면 객관적인 어른의 도움을 받아) 문제에 대해 이야기하는 것이다. 또한 동생을 괴롭힌 데 대해 건설적인 방법으로 보상하여 형제 사이를 다시 좋은 관계로 돌리기 위해, 형은 동생이 선택하는 어떤 활동을 도와주게 하는 것(이를테면 동생에게 야구의 타격 기술을 가르치는 것)도 필요하다.

학교 성적이 좋지 않은 십대 아이는 벌로 외출금지를 당할 수도 있을 것이다. 반면 자연적인 결과는 공부 시간에 정비례하여 외출할 수 있는 자유를 부여하는 방법이 될 것이다. 이를테면 세 시간 공부하면 한 시간 동안 나가 놀 수 있게 하는 것이다. 처벌과 자연적인 결과 사용 사이의 주요 차이점은 다음과 같다.

처벌의 사용

- 목적 : 통제나 물리력을 통한 확실한 징계. 복종하라고 명령하기.
- 뜻 : 네 행동은 용인되지 않거나 나쁘다. 또는 너는 나쁘거나 용인되지 않는다.
- 접근 방법 : 진지하고, 반사적이고, 통제적이고, 벅차고, 수치심을 느끼게 하고, 화가 난 상태이거나 거친 태도를 보여준다.
- 특징 : 다른 사람들을 존중하라고 가르치면서 본질적으로 교육 대상을 존중하지 않는 방법이다. 수치심을 유발하고, 야단을 치거나 학대한다. 두려움과 분노 또는 궁극적으로 무관심을 조금씩 주입한다. 흔히 강조 또는 효과를 위해 다른 사람들 앞에서 때리고, 고

함치고, 꾸짖거나 벌을 준다.

- 결과 : 두려움, 부끄러움 또는 굴욕을 통해 일시적으로 행동을 멈춘다. 아이는 무서워서 고분고분해지지만 자신감을 잃고 어쩌면 적절한 교정 행동을 보여주지 못할 수도 있다. 장기적으로 반항, 분노, 도전, 의기소침 또는 격분 등의 성향을 가질 수도 있다. 아이는 처벌하는 성인과 관계를 끊고 멀리한다.

자연적인 결과의 사용

- 목적 : 일관되게 친절한 태도로 교육하기. 책임을 가르치기.
- 뜻 : 네 행동을 고쳐줄 필요가 있다. 그래도 너를 사랑한다.
- 접근 방법 : 상황에 맞게 대처하고, 직접적이고, 친절하고, 안정적이고, 설득력이 있고, 상대방을 배려하고, 일관적이다.
- 특징 : 본질적으로 대상을 존중하며 그 대신 다른 사람도 존중하라고 요구한다. 격려하고, 솔직하고, 존중하고, 배려한다. 가치와 책임, 성숙, 소유 의식을 심어준다. 모든 관련자들의 자존심을 고려하여 조용히 진행된다. 분명한 약속, 공정한 규칙, 책임, 깔끔한 마무리로 끝맺는다.
- 결과 : 어떤 것이든 자신의 행동을 책임지도록 도와줌으로써 아이가 행동을 바꾸게 한다. 그 아이는 존중받고 있다고 느끼면서 협동하는 방법을 배운다. 잘못의 대가를 치르는 합리적인 방법을 배운다. 자신과 세상을 신뢰하는 방법을 배운다.

반발하지 말고 대응해라

"수련이 깊은 사람은 침묵으로 생각을 조절하고
평온으로 감정을 조절한다."
_ 노자

비난받았을 때 과잉 대응하지 않고 상황에 맞게 대응함으로써 차분한 모습을 보여주는 능력은 하나의 예술이자 기술이다. 대응은 침착성을 유지했을 때 보여줄 수 있다. 반발은 맞서는 행동이다. 부모가 느닷없이 화를 내거나 사소한 불만에 뜻밖으로 화를 내는 일이 잦을 때 부모와 아이 사이에는 쉽게 지워지지 않는 분노와 거리감이 생긴다.

아이가 자라거나 배우면서 자연스럽게 저지르는 작은 잘못에 대해 마구잡이로 혼이 났을 때 얼마나 두렵고, 스트레스를 많이 받으며, 심지어 모욕감을 느끼는지 어른들은 쉽게 잊어버릴 수 있다. 모든 아이들은 이 세상의 어른들이 안정적이며 상황을 분별 있게 처리할 수 있는 능력을 갖고 있다고 알고 안도감을 가질 필요가 있다. 아래 이야기는 눈앞에 닥친 위기에 반발하는 것과 대응하는 것의 차이점을 상세하게 보여준다.

젊은 엄마인 캐린과 스테파니는 각각 아홉 살배기인 아들 제이슨과 타일러를 데리고 시골 박람회에 갔다. 제이슨과 타일러는 서로 아주 친한 친구였다. 그들은 놀이도 하고 상을 받은 동물들을 만지기도 하고 함께 말도 타면서 정말 즐거운 시간을 보냈다. 점심시간이 다가오자 두 엄마는 아이들에게 "가서 먹을 것을 사올 테니 꼼짝 말고 대회전 관람차 앞에서 기다려라." 하고 말했다.

두 엄마는 10분도 지나지 않아 먹을 것들을 들고 그 자리에 돌아왔다. 그런데 어찌 된 일인지 아이들은 어디에도 보이지 않았다. 박람회장이 특별히 북적거리지 않았기 때문에 아이들이 쉽게 눈에 띄어야 정상이었다. 캐린은 곧 허둥대기 시작했다.

"제이슨은 제 발로 어디에 가지는 않았을 거예요. 걔가 말을 할 수 있게 된 다음부터 늘 낯선 사람과는 말을 하지 말라고 가르쳤으니까요."

캐린은 최악의 상황을 생각하면서 떨기 시작했다.

"일단 박람회 관리실에 알리죠."

스테파니가 침착성을 잃지 않으려고 애쓰면서 말했다. 캐린은 두 눈에 눈물이 그렁그렁한 채 스테파니의 팔을 꼭 잡았다. 스테파니는 최선을 다해 냉정을 유지하면서 안전 요원들에게 아이들에 대해 자세하게 설명했다. 안전 요원들이 박람회장 전체를 뒤져도 아이들을 찾지 못하자 두 엄마의 공포심은 심해졌고 그들은 각자 가족들에게 전화하기 시작했다.

다시 수색이 시작되어 30분쯤 지났을 때 두 엄마는 점점 더 긴장되고 걱정도 커져갔다. 캐린과 스테파니는 박람회장 곳곳으로 돌아다니며 아이들의 이름을 불렀다. 그때 희미한 목소리가 멀리서 들려왔다.

"엄마……, 엄마……, 여기예요. 우리는 여기 있어요."

캐린과 스테파니는 소리 나는 방향으로 고개를 돌렸다가 아이들이, 마치 아무 일도 없었다는 듯, 보통 때처럼 말쑥하게 자신들을 향해 걸어오는 것을 보고 기가 막혔다.

캐린이 무의식중에 소리를 쳤다.

"도대체 너희들 어디에 있었니? 우리가 얼마나 걱정했는지 알아?"

"우리는 도깨비집을 뒷문으로 살금살금 들어갔어요."

타일러가 어색하게 웃으면서 말했다.

"우리는 거울 뒤에 숨어 있다가 사람들이 지나갈 때 펄쩍 뛰었어요. 정말 신났어요! 우리가 한 아줌마에게 겁을 줬는데, 너무 심하게 겁을 먹었는지 아줌마가 비명을 질렀어요! 그렇게 놀다 밖으로 나왔는데, 안전 요원이 우리를 찾고 있었다고 말해주었어요. 우리가 그 안에서 생각보다 오래 있었나 봐요."

걱정스러운 표정을 하고 있던 캐린은 어느덧 흰자위를 드러내며 아들을 째려보고 있었다.

"정말이니?"

캐린은 자기 아들을 향해 돌아서면서 물었다.

"말해봐, 제이슨!"

제이슨은 수줍은 듯 고개를 끄덕이며 엄마의 눈길을 피해 시선을 아래로 떨구었다.

"으이구, 이 말썽쟁이들아!"

캐린이 목소리를 높이기 시작했다.

"너, 다신 여기에 못 올 줄 알아. 집에 가면 네가 오늘 한 짓을 죄다 아빠한테 이를 테니 각오해!!"

캐린은 아들에게 손을 뻗었으나 아들은 살짝 피하면서 말했다.

"싫어, 안 해!"

캐린은 화가 치밀었다. 그녀는 소리를 질렀다.

"엄마한테 그렇게 말하면 못 써! 당장 잘못했다고 하지 않으면 매 맞을 줄 알아!"

제이슨은 화내는 엄마를 아랑곳하지 않고 멀리 달아났다.

"납치당할 뻔했다고 거짓말할걸 그랬어."

제이슨이 달려가면서 외쳤다. 그러자 캐린이 대꾸했다.

"너 집에 가기만 해! 차라리 납치되었으면 좋았을 거라고 생각하도록 혼쭐내줄 테니까!"

"난 집에 안 갈 거야. 나한테는 더 이상 집이 없어!"

제이슨은 있는 힘을 다해 다시 박람회장으로 달려가면서 말했다.

스테파니와 타일러는 눈앞에서 벌어지는 극적인 장면에 어안이 벙벙하여 입을 다물지 못했다. 스테파니는 타일러에게 다른 접근 방법을 취했다.

"잠깐 이야기 좀 할까, 타일러?"

"예."

타일러는 우물쭈물 대답했다.

"타일러, 엄마와 아줌마는 우리가 먹을 것을 가지고 올 때까지 너희들이 그 자리에서 기다리고 있을 거라고 생각했어. 그런데 아주 오랫동안 너희들을 찾을 수 없었어. 우리는 너희들에게 무슨 일이 일어났는지 전혀 알 수 없었어. 나는 우리가 그렇게 놀란 것에 화가 나. 그리고 너희 두 사람이 우리가 어떤 일을 겪게 될지에 대해 그렇게 아무 생각이 없을 수 있다는 데에 놀라지 않을 수 없단다. 게다가 너희가 한 못된 장난은 즐겁게 도깨비집을 구경하려고 돈을 낸 사람들을 조금도 즐겁게 하지 못했어. 도대체 장난꾸러기 두 녀석 때문에 기절할 정도로 놀라기를 바라는 사람이 어디 있겠니? 엄마 말에 대해 다른 할 말이라도 있니?"

그녀가 물었다. 그러자 타일러가 조심스럽게 대답했다.

"정말 미안해요, 엄마. 우리는 도깨비집에 한번 들어가보자고 생각했어요. 그리고 도깨비집 안에서 아주 재미있게 놀았어요. 우리는 시간이 얼마나 지났는지 전혀 생각하지 못했어요. 그리고 엄마와 아줌마가 우리를 기다리겠지만 우리가 갈 때까지 두 분은 늘 그렇듯이 서로 즐겁게 이야기하고 있을 거라고 생각했어요. 나는 우리가 정말로 바보 같은 짓을 했다고 생각해요."

스테파니는 타일러에게 네가 무사해서 정말 다행이지만, 캐린 아줌마와 안전 요원 아저씨들에게 사과하는 것이 중요하다고 말해주었다. 스테파니는 이 일로 아들이 무엇인가 분명히 깨닫게 하기 위해 말을 했다. 아들은 엄마

| 긍정적인 훈련을 정중하게 사용해라

의 의견에 동의했고 이제 어떤 행동을 할 때 조금 더 깊이 생각하는 것이 매우 중요하다는 사실을 알았다. 엄마와 아들은 두 소년 때문에 엄마들이 스트레스를 받았으므로 허비된 시간과 놀란 마음을 벌충하기 위해 어느 정도 대가가 있어야 한다는 데 동의했다.

　타일러는 결국 관계된 모든 사람들에게 사과했고 캐린이 제이슨 찾는 것을 도와주기로 했다. 스테파니가 타일러에게 말하는 방식 그리고 타일러가 자기 엄마한테 말하는 방식을 지켜본 캐린은 자기가 아들에게 지나쳤다는 것을 비로소 깨달았다. 그들 넷은 박람회장에서 늦은 점심을 먹으면서 오랫동안 대화를 나누었다. 제이슨과 타일러는 박람회장을 떠날 때까지 시간이 갈수록 미안한 마음이 커졌다. 캐린과 스테파니는 아이들에게 많은 이야기를 한 뒤에 아이들이 엄마를 일부러 놀라게 하거나 걱정시키려고 하지는 않았다는 것을 더 잘 이해하게 되었다. 어려운 상황에서 반발보다는 대응을 할 수 있었던 스테파니의 능력 덕분에 위기가 교훈으로 바뀌었다.

실천 방안

1. 열두 가지 표시 점검

앞에서 제시한 열두 가지 표시들에 의거하여 어렸을 적 가정을 점검해보고 현재의 가정도 조사해보아라. 옛날 패턴들 가운데 얼마나 많은 것이 되풀이되고 있으며 새롭게 들인 습관들은 무엇인가? 목록들 가운데 가장 큰 강점을 보이는 세 가지에 표시를 하고 스스로를 격려해라! 가장 큰 약점을 보이는 세 가지에 표시를 하고 변화를 꾀하기 위해 반드시 해야 할 일로 삼아라.

2. 대응 – 반발 점검

이번 주에 가족에게 닥친 상황들에 대응하고 있는지(침착성 유지) 반발하고 있는지(반대 행동) 점검해보아라. 이 점검은 아이들과 함께하되 만약 작은 일에 집착하거나 필요 이상의 반응을 보이는 사람이 있다면 그가 누구든 서로 지적할 수 있게 해라. 이것은 부부 사이의 소모적이거나 불필요한 논쟁을 생산적인 토론으로 전환시키기 위한 훌륭한 실습이기도 하다.

아이들이 보내는 메시지
"친절한 교육에 대해"

사랑하는 엄마, 아빠.
두 분이 우리를 교육시키기 위해 선택하는 방식은
우리에게 존엄성을 가르치거나 부끄러움을 안겨줍니다.

두 분이 분노로 우리를 교육시킬 때
우리는 반항을 배운답니다.
두 분이 친절로 우리를 교육시킬 때
우리는 조신한 행동을 배운답니다.

두 분이 벌로 우리의 행동을 바로잡으려고 할 때
우리는 소극적인 사람이 되는 법을 배운답니다.
두 분이 자연적인 결과를 부여할 때
우리는 책임감을 배운답니다.

그러니 부디 친절한 태도로 우리의 행동을 바로잡아주세요.
그리고 우리를 존중해주세요.
우리는 두 분을 우리의 보호자로 소중하게 생각할 것입니다.
그리고 책임감 있는 사람으로 자랄 것이랍니다.

07 성장할 기회,
그리고 실수할 기회를 주어라

너그럽게 봐주세요,
실수도 하고 견해를 가지며 자랄 수 있도록.
우리는 자기 자신의 분별력을 믿으며
홀로 설 수 있는 사람이 될 거예요.

모든 인간은 최소한 두 가지 공통점을 갖고 있다. 하나는 배울 수 있는 용량이 무한하다는 것이고, 또 하나는 실수를 저지를 수 있는 무제한적인 능력을 갖고 있다는 것이다. 우리가 살아 있는 한, 실수는 삶의 한 부분일 것이다. 그럼에도 우리들 대부분은 우리가 '실패'라고 믿는 것들을 경험할 때 어느 정도의 부끄러움과 후회 또는 당혹감을 경험한다.

우리가 크고 작은 어떤 실수도 저지르지 않고 살아갈 수 있다고 생각하는 것이 비이성적임에도 불구하고, 우리들 대부분은 멍청하게 보인다거나 일을 제대로 처리하지 못하는 것을 지나치게 걱정하는 나머지 위험을 무릅쓰고 어떤 일을 과감하게 하려고 하지 않는다. 그 결과 나타나는 비극은 맨송맨송한 삶이다. 그런 삶을 살면서 우리는 본연의 웃음과 눈물의 상당 부분을 잃고 있다. 그에 못지않은 비극은 우리의 가장 소중한 꿈들이 꽃 피워볼 기회를 얻기도 전에 손아귀에 쥔 모래처럼 어느덧 빠져나갈 수 있다는 것이다.

실수도 배움의 일부이다

"실수는 깨달음의 관문이다."
_ 제임스 조이스

실수를 성공적으로 헤쳐나가는 세 가지 열쇠는 실수를 예상하고, 실수했음을 빨리 인정하고, 이번 실수에서 내가 배울 수 있는 것은 무엇인지 묻는 것이다. 무릇 아이들이란 완벽하지 않은 것이 완벽하게 허용될 뿐만 아니라 얼마든지 환영받는 환경에서 생활할 수 있어야 한다.

부모가 몸소 실수를 인정할 때 그 부모는 정직과 겸손의 본보기가 되는 것이며, 아이에게 미치는 영향은 아주 긍정적일 수 있다. 자기가 잘못을 저질렀을 때 이야기를 할 수 있는 어른과 함께 성장한 아이는 세계를 더 잘 신뢰하고, 잘못을 저질렀을 때 자신과 다른 사람에게 인정하는 방법을 배울 것이다.

38세인 변호사 테드는 십대일 때 아버지로부터 진정한 겸손의 의미에 대해서 어떻게 배웠는지 지금도 생생하게 기억한다. 당시 그의 어머니는 아버지에게 이혼하겠다고 협박하며 힘겨운 시기를 보내고 있었다. 어머니는 온 가족에게 나쁜 영향을 미치고 있는 아버지의 부정적인 태도가 불만이었는데, 그 태도를 고치지 않으면 이혼하겠다는 것이었다. 불평이 많고 아주 사소한 일에도 시비를 따지기로 유명했던 아버지는 선대부터 내려온 태도를 바꾸기로 결심하고, 결혼 생활을 유지하고 가족을 지키기 위해 새 출발을 했다.

아버지는 두 아들의 도움을 받아 차고를 개축하고 새로 칠을 하기로 결심하면서 아이들을 깜짝 놀라게 하는 뜻밖의 선언을 했다. 아버지는 자신이 불평이나 비판 또는 화를 내기 시작하면 곧바로 일을 멈추고, 아이들의 나빠진 기분을 풀어주기 위해 한 시간쯤 즐겁게 해주겠다고 약속한 것이다. 테드는 즐거운 마음으로 그때 일을 회상했다.

처음 몇 달 동안 아버지는 비판하거나 불만을 나타내지 않고 일하는 시간이 고작 30분을 넘지 못했습니다. 덕분에 우리는 지난 몇 년 동안 놀았던 시간보다 훨씬 더 많은 시간을 축구와 캐치볼 그리고 마당의 미니 골프장에서 놀면서 보낼 수 있었죠. 아버지가 "어이구, 테드. 그렇게 굼벵이처럼 움직여서 언제 그 일을 다 할래?"라고 불만을 터뜨리자마자 우리는 타임아웃을 부르고 나가서 놀았습니다. 아버지는 어떤 변명도 어떤 질문도 하지 않았습니다.

우리 엄마는 한 주일 한 주일 우리가 미트와 공을 들고 밖으로 놀러 나가는 모습을 직접 보면서도 거의 믿지 못했습니다. 엄마는 그 일이 한없이 늘어지는데도 불평하지 않았죠. 엄마는 아버지 내부에서 진정한 혁신이 일어나고 있음을 알고 있었습니다. 우리는 아버지와 함께 덤으로 놀이를 하는 것만큼이나 아버지가 자신의 무자비한 옛날 버릇들을 고백하는 모습을 보면서 기뻐했어요.

날씨는 추워졌고 일의 반도 끝내지 못했을 때 아버지는 우리 가족의 수많은 농담의 대상이 되었습니다. 아버지는 반쯤만 칠해진 차고와 게스트하우스를 자신의 '분노 관리 프로젝트'라고 부르면서 우리와 함께 거부감 없이 웃을 수 있었죠. 이듬해 봄에 우리는 다시 일을 시작했고 아버지의 분노 관리는 훨씬 진전이 있었지만 100퍼센트에는 아직 못 미치고 있었습니다. 아버지의 기분이 꼬이거나, 거친 말 또는 불평을 하기 시작하자마자 우리는 타임아웃을 부르고 자유롭게 도구들을 던져버리고 아버지와 함께 놀이를 했죠. 아버지의 입장에서는 특히 페인트를 섞은 직후에 이런 일이 일어나면 참으로 답답한 노릇이었습니다. 그때는 일이 한참이나 뒤로 돌아가기 때문이었죠. 그런데도 아버지는 끝까지 약속을 지켰습니다.

이윽고 아버지는 점잖지 못한 말을 했을 때 스스로 타임아웃을 부를 수 있는 경지에 이르렀습니다. 아버지는 정말 열심이었어요. 마침내 그 일을 마쳤을 때에는 이제 성대한 축하연을 벌일 차례였죠. 우리는 친구와 이웃들을 불러 모아 일이 마무리된 것을 축하하는 바비큐 파티를 열었습니다. 우리 사촌의 밴드는 라이브 공연을 해주었죠. 아버지는 집 단장을 새로 한 것으로 그치지 않았습니다. 아버지는 자신의 인테리어도 새로 단장했던 거죠.

아버지는 혼잣말로 저주의 말을 해대는 뿌리 깊은 습관을 90퍼센트까지 줄이는 데 성공했으며, 자신을 걸어다니는 시한폭탄에서 멋지고 열린 마음을 가진 사람으로 바꾸었습니다. 어머니는 한껏 신명이 났으며 가족의 도움이 없었다면 아버지가 그렇게 바뀌지 않았을 것이라고 확신했죠. 우리 모두는 그해에 페인트칠에 숙달하게 되었으며 더욱 중요하게는, 뿌리 깊은 습관의 극복이 가능하다는 것을 배웠습니다. 약간의 정직성과 용기 그리고 수백 번의 타임아웃과 그에 따른 놀이만 있다면!

사과의 치료 효과

"크게 실패할 각오가 되어 있는 사람만이
크게 성공할 수 있다."
_ 존 F. 케네디

내가 어렸을 적에 어머니 다이애나는 사과에 대해 많은 것을 몸소 행동으로 가르쳐주었다. 내가 어머니를 평생 동안 아주 존경하는 인물 가운데 한 분으로 생각하는 까닭은 어머니의 정직성 때문이다. 내 어머니는 예를 들어, "네 방이 아직 지저분하던데 왜 아직 청소하지 않는 거니?" 같은 싫은 소리를 무의식중에 하다가도 얼른 말을 멈추고 다음과 같은 말을 했다.

"이런……, 내 오래된 테이프가 또 돌아가고 있군. 대신에 조금 더 좋은 테이프로 다시 틀지."

그러고 나서 어머니는 마치 '오래된 믿음'을 떨어버리기라도 하는 듯 머리 부분을 툭툭 치는 등의 재미있는 행동을 했다. 나는 어머니의 그런 행동을 보면서 깔깔 웃곤 했다. 다음에 어머니는 다시 시작하면서 말하곤 했다.

"지금 방 좀 청소할 수 있겠니? 방이 깨끗해지면 네 기분도 상쾌해질 거야."

언젠가 어머니는 "나도 모르는 사이에 네 마음에 상처를 주었을 수도 있는 나의 모든 행동에 대해 미안하게 생각한다."는 쪽지를 남겼다. 나는 어머니가 좋아하는 소크라테스의 어록을 읽고 나서 그 쪽지를 썼다고 생각한다.

"내가 확실히 아는 것은, 내가 아는 것이 거의 없다는 사실뿐이다."

어머니는 사과할 때 상대방의 마음을 잘 알고 있다는 표현을 자주 사용했다. 이를테면 이런 식이었다.

"가게에서 오랫동안 기다리게 해서 정말 미안하다. 틀림없이 나 때문에 짜증이 났을 거야."

그러면 나는 거리낌 없이 대답했다.

"정말 오래되었어요, 엄마. 엄마는 30분만 있겠다고 말했잖아요!"

그러면 어머니는 나와 더 많은 시간을 놀아준다거나 나를 공원으로 데려가는 등의 방법으로 자신의 실수를 만회하곤 했다. 자기의 잘못을 인정하고 상대방의 입장에서 볼 수 있는 사람에게 계속 화를 내기는 정말로 어렵다. 아래의 간단한 조치는 아이나 부모가 효과적으로 실수를 만회하는 데 도움을 줄 것이다.

만회를 위한 4단계

1. 진실을 말해라. 일어난 일을 정직하게 말하고 진지하게 사과해라.
2. 상대방의 감정을 이해한다는 자세를 보여라. 상대방의 관점을 이해해라.
3. 들어라. 변명하지 말고, 상대방의 반응과 의견에 귀를 기울여라.
4. 행동을 취해라. 진지하게 노력하고 있음을 말이 아닌 행동으로 보여주어라.

몇 마디 유머는
잘못을 쉽게 인정하게 한다

"절대로 실수를 하지 않는 사람은
아무것도 하지 않는 사람뿐이다."
_ 시어도어 루스벨트

우리는 모두 실수를 저지르고 살기 때문에 사물을 균형 있게 보기 위해 유머를 사용하는 것은, 장기적으로 보면 아주 사소한 약점이나 실수를 안타깝게 생각하면서 보내는 시간을 절약하는 훌륭하고 경제적인 방법이다.

나의 할아버지, 할머니는 실수를 가볍게 넘기는 좋은 방법을 알고 있었다. 그들의 유머 감각은 50년 넘은 결혼 생활에 확실한 공헌을 했다. 할아버지는 저녁식사 전의 늦은 오후에 가끔 심통을 부리곤 했다. 할아버지의 심통에 할머니는 유머로 대응하면서 "어렸을 때 말썽꾸러기더니 다 늙어서 다시 말썽꾸러기가 되어간다."고 말했다.

할아버지는 곧잘 고장 난 기계에 불평을 늘어놓거나 할머니에게 날선 목소리로 말하곤 했다. 그때마다 할머니는 긴장 상황을 말싸움으로 발전시키지 않고 살짝 웃음을 보이면서 이런 식으로 말해서 긴장을 누그러뜨렸다.

"누가 뒤에 있는지 보슈. 늙은 염소라우."

그 순간 손자, 손녀들은 다음에 일어날 일을 머릿속에 그리면서 방 안으로 달려들어오곤 했다. 그러면 할아버지는 일찍이 우리가 종종 듣던 길고 날카로운 염소 울음소리를 내면서 응수했다. 그 다음에는 보너스로 염소의 당당한 걸음을 흉내 내어 이리저리 걷거나, 믿을 수 없을 정도로 큰 염소 울음소리를 몇 가지 더 내기도 했다. 그때쯤이면 손자, 손녀들은 침상에 모여서 마치 그런 울음소리를 생전 처음 듣는다는 듯 배꼽을 잡고 웃었다.

유명한 '늙은 염소' 공연은 할아버지의 나쁜 기분을 재미있게 부르는 할머니의 멋진 방법이었다. 할아버지의 재미있는 반응은 자신의 약점을 퍽 재미있게 인정하는 방법이었다. 할아버지와 할머니는 우리에게 '약간의 유머는 잘못이나 약점을 인정하게 하는 데 확실한 도움을 준다'는 사실을 잘 가르쳐주었다.

곤경에 빠진 사람에게
도움의 손길을 뻗쳐라

"잘나갈 때 곁에 있어주는 것은 인간의 행위이고
어려울 때 곁에 있어주는 것은 신의 행위이다."

_ 테레사 수녀

좋지 않은 선택을 했을 때 그 결과를 감수하기란 참으로 힘들 수 있다. 페르시아의 신비주의자 잘랄 앗 딘 알 루미는 이런 과정을 "불구덩이 속에 앉다."라고 표현했다. 그런 어려운 시기에 의지할 만한 따뜻하고 적극적인 지원을 받는 것은 정말로 신의 선물이라고 할 수 있다. 다음의 이야기는 딸이 어려움에 처했을 때 아버지의 사랑 어린 지원이 어떤 가치를 지니고 있는지를 잘 보여준다.

스물두 살의 젊은 처녀 로즈는, 본인의 말대로 "일생에서 첫손가락에 꼽을 만한 큰 실수"를 저지르기 직전에 아버지가 매우 큰 역할을 했던 때를 자세하게 기억하고 있다. 로즈는 고등학교 때 애인과 약혼했다. 하지만 그녀의 친구들은 그 약혼을 걱정했다. 친구들은 로즈의 약혼자를 그다지 좋아하지 않았다. 하지만 로즈에게는 모든 것이 순조롭게 진행되는 것 같았다. 그런데 모든 것이 하룻밤 사이에 바뀌고 말았다.

결혼을 몇 주일 앞두고 로즈는 놀랍게도 약혼자가 자기 친구 가운데 한 명과 여전히 은밀한 관계를 맺고 있다는 사실을 알게 되었다. 잔뜩 흥분한 상태에서 로즈는, 그럼에도 불구하고 결혼을 강행하겠다고 결심했다. 로즈는 그 남자를 사랑했을 뿐만 아니라 둘이 계획한 대로 생활이 이루어진다면 약혼자의 그런 약점은 틀림없이 개선될 것이라고 필사적으로 믿고 싶었다. 하지만 그녀의 몸과 감정은 그렇지 않을 것이라는 사실도 알고 있는 것 같았다. 모든 것이 잘될 거라고 마음속으로 거듭 다짐했지만 로즈는 깊은 우울증에 빠졌고, 결혼식을 일주일 앞두고도 여전히 슬픔에서 빠져나오지 못했다.

로즈가 부모님 댁의 옛날 자기 침실에서 맥을 놓고 누워 있을 때에는 어느 것도 그녀를 위로할 수 없을 것 같았다. 그녀의 아버지 할이 어려움에 처해 있는 막내딸을 도와야겠다고 나선 것이 바로 그때였다. 할은 대화하는 데 능숙한 사람이 절대로 아니었을 뿐만 아니라 그런 지극히 개인적이고 껄끄러운 문제에 대해 딸에게 어떻게 이야기해야 하는지 전혀 몰랐다. 그럼에도 그는 마구 밀어붙이거나 간섭한다는 생각이 들지 않게 하면서 로즈를 지원해야 한다는 것은 알고 있었다.

할은 하루를 휴가 내어 딸이 좋은 선택을 하고 우울증에서 벗어날 수 있도록 도와주기로 했다. 아침에 그는 쟁반에 맛있는 아침식사와 딸이 좋아하는 잡지를 담아 가져다주기로 했다. 그는 딸의 침실 문 앞에서 가볍게 노크를 하고 말했다.

"문 열어라, 잠꾸러기야. 중요한 것을 가져왔어. 문 앞에 두고 가마."

딸이 아무 대꾸도 하지 않자 그는 문 옆에 시디플레이어를 내려놓고 딸이 고등학교 시절 수백 번도 더 틀어서 자기가 가끔 소리 좀 낮추라고 이야기했던 노래를 틀었다. 마침내 문이 열리고 로즈는 눈앞의 진상을 보고 희미한 미소를 지었다.

"고마워요, 아빠. 하지만 저는 지금 그다지 배가 고프지 않아요."

로즈가 말했다. 로즈의 아버지는 손에 공구함을 들고 있었는데 안으로 들어가서 히터를 점검해도 되겠냐고 쾌활한 음성으로 물었다. 로즈는 내키지 않는 표정으로 아버지를 들어오게 했고 아버지는 히터의 배출구를 살펴보았다(마침 히터가 작동하고 있었는데, 할도 이미 알고 있듯이 아무 탈 없이 잘 돌아가고 있었다).

히터를 살펴보면서 할은 길지 않은 시간이지만 딸과 몇 마디 이야기를 나누었다. 할은 도움이 될 수 있을지 모른다는 생각에 오늘 하루 휴가를 냈다고 딸에게 알려주었다. 하지만 딸에게 다가가고자 하는 자신의 노력이 별 효과를 발휘하지 못하자 할은 얼떨결에 준비하지 않았던 말을 하고 말았다.

"내 딸아, 네가 이런 시련을 겪고 있는 모습을 보니 몹시 가슴이 아프구나. 내가 가끔은 이 험한 세상에서 너를 지켜주고 네 고통을 없애줄 수 있다면 좋으련만. 어쨌든 어떤 식으로든, 아빠가 필요할 때에는 언제든 내가 여기 있다는 것을 알아주었으면 좋겠다."

아버지의 이 말에 가까스로 버티고 있던 로즈는 허물어지고 말았다. 아버지가 팔로 어깨를 감싸자 로즈는 눈물을 터뜨렸다. 로즈가 눈물과 쓰라린 가슴을 토해내는 동안 할은 그저 가만히 듣고만 있었다. 할은 딸과 이런 순간을 가져본 적이 한 번도 없었다. 그는 이럴 때 어떻게 해야 하는지 알지 못했다. 그래서 처음에는 아무 말도 하지 않았다. 그저 간간이 들려오는 흐느낌을 들으면서 딸의 생각과 느낌에 관심을 두고 있음을 보여주기 위해 가끔씩 몇 가지 질문을 했다.

로즈는 해가 하늘 높이 오른 뒤에야 침대에서 일어날 기운을 얻었고, 조금 더 뒤에는 뜰을 정비하는 아버지를 도울 수 있을 정도가 되었다. 두 사람은 함께 일하면서 이야기를 계속했다. 하지만 심란한 로즈는 말이 겉돌기만 할 뿐 아버지의 관심을 끌어낼 만큼 이야기를 이어가지 못했다. 결국 로즈가 더 이상 말을 하지 않게 되자 할은 아주 오래전 로즈의 어머니와 결혼하기 전에 겪은 청년 시절의 가슴 아팠던 사연을 이야기했다. 할은 딸이 알지 못하는 일들을 말해주면서 자신의 인생에 대해 많은 것을 이야기해주었다. 로즈는 아버지가 평생직장이라고 여겼던 곳에서 쫓겨난 엄청난 절망을 겪은 뒤에 어떻게 성공적인 사업을 시작하게 되었는지를 알게 되었다. 말주변이 없는 순박한 사람이었지만, 로즈의 아버지는 딸과 공유할 수 있는 몇 가지 진실한 지혜를 갖고 있었다.

이튿날, 로즈는 머리가 맑아지는 기분을 느꼈고 약혼자에게 둘의 관계는 이제 끝났다고 통고했다. 그리고 가족과 친구들의 도움으로 전혀 새로운 방향으로 나아갔으며 대학의 다음 학기에 등록했다. 몇 년 뒤 로즈는 영예로운 상들을 수상하며 졸업할 때 수상 소감에서 다음과 같은 말을 덧붙였다.

"제가 이런 영광의 순간을 맞이할 수 있었던 데에는 무척 힘들었을 때 제 곁에 있어준 아빠의 사랑이 큰 역할을 했습니다. 아빠, 고맙습니다. 그리고 진정으로 사랑합니다."

어마어마한 완벽주의의 대가

"완벽주의는 마음의 질병이다.
인생은 지나치게 심각하게 받아들이기에는
너무도 빨리 지나가기 때문이다."

_생텍쥐페리

엄격한 가정에서 자라는 아이들은 자기가 갖고 있는 문제점들을 심각하게 받아들이고 실수를 부끄럽게 느끼는 경향이 더 강하다. 자신이나 다른 사람들을 용서하라고 격려받거나 교육받지 못한 아이들은 인생을 극복해야 할 일련의 장애물들로 축소시킬 가능성이 있다. 우리 대부분은 자기의 실수를 무난히 처리하고 그 실수로부터 교훈을 얻는 이상적인 인물과 함께 성장하지 않았기 때문에, 체면을 지키기 위해 실수를 변명하고 다른 사람 탓으로 돌리며 덮어버리는 사람들이 대단히 많다.

46세로 두 아이의 어머니인 조애니는 자식에게 관심을 쏟기는 하지만 가혹했던 아버지 밑에서 자란 어린 시절을 생생하게 기억하고 있다. 그녀의 아버지는 잘하는 것을 인정해주기보다 못하는 것 지적하기를 생활 철학으로 삼은 게 아닌지 의심이 갈 정도의 사람이었다. 조애니는 고등학생 시절에 겪었던 한 가지 일이 지금까지 뇌리에 깊숙이 박혀 있다. 조애니는 한 학기 동안 정말 열심히 공부한 적이 있었는데, 그 덕분에 일곱 과목에서 A를 받고 한 과목만 B를 받아 우등생이 되었다. 조애니는 자기의 성적이 이렇게 오른 것을 아버지가 안다면 뛸 듯이 기뻐할 것이라고 확신했다. 조애니는 완벽에 가까운 자기 성적표에 아버지의 얼굴이 환하게 밝아지는 것을 보고 싶어서 학교가 끝나기만을 애타게 기다렸다.

마침내 학교가 끝났고 조애니는 한걸음에 집으로 달려갔다. 아버지는 서재 책상에 앉아 있었다. 조애니는 서재로 달려 들어가 의기양양하게 성적표를 내밀었다. 아버지는 성적표를 찬찬히 살펴보았다. 그 시간이 조애니에게는 영원처럼 느껴졌다. 이윽고 아버지가 입을 열었다.

"A가 일곱에 B가 하나라……. 음……, 어느 과목에서 B를 받았지?"

그뿐이었다. 아버지가 한 말은 그것이 전부였다. 축하한다거나 잘했다거나, 하다못해 수고했다는 말도 없었다. 조애니의 아버지는 딱 한 가지, 덜 완벽한 점수를 받은 과목이 하나 있다는 것만 지적했을 뿐이었다. 다음 학기에 조애니의 성적은 급락하여 B 셋에 C 넷을 받았다. 이듬해에는 더 떨어졌다. 조애니는 오늘날까지도 실수에만 초점을 맞추고 성공을 대수롭지 않게 보는 자신의 성향을 곱씹고 있다.

조애니는 수년 동안 그 문제를 두고 자녀들과 많은 이야기를 나누면서 아이들에게 덜 완벽할 수 있는 여지를 주기로 했다. 이 교훈이 은연중에 스며들도록 하기 위해, 그녀는 아이들과 함께 1년에 몇 번씩 '어마어마한 실수

식사'를 했다. 그 자리에서 아이들은 각각 최근에 저지른 실수들 몇 가지와 그로부터 배운 바를 이야기했다.

"그것은 정말 굉장했고 아이들도 좋아했어요. 특히 내 차례가 되면! 최근에 우리의 가장 큰 바람은 언젠가 나의 아버지를 우리의 어마어마한 실수 식사에 초대하는 것입니다. 그것이 위험하다는 것은 알고 있어요. 하지만 최악의 경우라 해도 계획 실패로 인한 상실감 정도일 것이고, 그것은 우리의 다음 식사에서 꽤 재미있는 화제가 될 거예요."

실수에서 취할 점을 찾아라

> "무엇이 잡초인가?
> 아직까지 가치가 발견되지 않은 식물이다."
> _ 랠프 월도 에머슨

나는 최근에 식료품 계산대에서 급한 마음에 속을 끓여가며 줄을 서 있었다. 바로 앞에는 분주한 엄마와 유치원생쯤으로 보이는 아들이 서 있었다. 나는 자기 엄마가 카트를 끌고 계산대를 향해 천천히 움직이는 동안 혼자 놀고 있는 그 아이를 지켜보았다. 아이는 장난감 트럭을 끌면서 혼자 즐겁게 노래하고 있었다. 두 사람이 계산대에 접근하면서 아이가 실수로 커다란 사탕 상자에 부닥쳤다. 포장지에 싸인 작은 사탕들이 바닥에 떨어져 쇼핑객들과 카트 사이 곳곳으로 흩어졌다.

그때 나는 그들 바로 뒤에 있었기 때문에 살짝 미소 지으면서 "이런!"이라고 말하고, 발밑에 있는 작은 사탕들을 같이 주워주었다. 그런데 아들이 무슨 일을 저질렀는지 깨달은 순간 그 어머니는 당황하여 얼굴이 벌겋게 달아

올랐다. 나는 그것이 정말로 사소한 사고라고 생각하고 있었으므로 그녀의 반응은 나로서는 꽤 뜻밖이었다. 그녀는 손으로 아들을 홱 잡아당겨 거칠게 흔들면서 말했다.

"이 사고뭉치! 어이구, 속상해!"

그녀는 이를 빠드득 갈고 나서 기분 나쁜 목소리로 말했다.

"여기에서 나가면 엉덩이를 흠씬 맞을 줄 알아!"

아이는 엄마에게 꽉 잡힌 손을 비틀어 빼내려고 하면서 훌쩍거리기 시작했다. 그 여자는 나를 힐끗 보면서 동정을 구하는 듯 눈알을 굴렸다. 나는 그 여자의 과잉 반응에 언짢아하는 한편, 이제 주차장에 가기만 하면 엉덩이를 두들겨 맞을 거라고 무서워하는 그 아이의 심정이 안타깝게만 느껴졌다.

나는 아이들의 엉덩이를 때리는 것을 옹호하지도 않으며 좋은 말로 하는 것이 아이들에게 훨씬 더 효과적이라고 믿는다. 나는 그 여자와 눈이 마주치지 않도록 피하면서 아들을 대하는 방식에 대하여 그 여자에게 타이르고 싶은 욕구를 스스로 말렸다. 나는 그 여자가 방금 어린 아들에게 했던 것과 똑같은 방법으로 그 여자에게 소리치면서 말하고 싶었다.

"단지 실수로 일어난 일을 가지고 어린아이에게 어떻게 그런 창피를 줄 수 있죠? 그리고 왜 아이의 엉덩이를 때리려고 하는 거죠? 도대체 당신의 어디가 잘못된 거죠? 당신은 옛날 왕조시대에서 왔나요? 지금 아이를 가르치는 게 아니라 상처를 주고 있다는 게 안 보여요?"

나는 이런 감정의 흐름을 그대로 흘려보내고 내 생각을 입 밖으로 내지 않았다. 그런 본능적인 반응은 그녀의 행동과 다를 바 없으며, 내가 소란을 피운다고 해도 좋은 효과가 있지 않을 것이었다. 나는 그때 그 장소가, 그 여자를 본보기로 삼아 아이들의 권리를 위해 싸울 때와 장소는 아니라는 것을 알고 있었다. 나는 잠시 동안 마음을 가라앉히고 깊게 숨을 들이마셨다. 그러고 나서 전혀 다른 무엇을 할 수 있는 기회를 잡았다.

나는 그 여자에게 창피를 주거나, 그녀를 악독한 엄마로 보이게 하기보다는 무서움에 떨고 있는 그 작은 아이를 칭찬해주기로 했다.

"아드님이 참으로 귀여운데요."

나는 미소를 지으며 말했다. 그 여자는 나의 말을 듣고 놀라는 표정을 지었다가 애가 얼마나 말썽꾸러기인데 그런 말을 하냐는 투로 중얼거렸다. 그 아이는 걸음을 멈추고 믿을 수 없다는 표정으로 나를 쳐다보았다. 나는 계속했다.

"아까부터 보았는데 이 아이는 집중할 수 있는 창조적인 방법을 알고 있어요. 상상력이 정말 대단하던걸요!"

그 여자는 부끄러운 듯 미소를 지으면서 그건 아마 만화가인 아빠로부터 물려받았을 것이라고 말했다. 게다가 나는 그 아이의 나이가 겨우 세 살이라는 그 여자의 말을 듣고, 그 나이에 저렇게 똑똑한 데 놀라지 않을 수 없었다.

그 여자는 자기 아들이 어린이집에서 뛰어난 자질을 보여주고 있다면서 그림도 아주 잘 그릴 뿐만 아니라 이미 컴퓨터 사용법까지 알고 있다고 자랑했는데, 그 아이는 자기 엄마의 목소리가 변해가고 있다는 것을 재빨리 알아챘다.

"우와!"

나는 그 귀여운 아이를 똑바로 바라보면서 감탄하는 투로 말했다.

"너는 아주 특별한 아이로구나. 이 넓은 세상에서 너처럼 똑똑한 아이는 없을 거야."

놀랍게도 그 아이는 갑자기 나에게 달려와서 양팔로 나의 두 다리를 꼭 안았다.

"이런 고맙기도 해라. 이렇게 안아주니 정말 기분 좋은걸."

나는 그 아이의 엄마처럼 말하고 함께 웃었다.

내가 그 아이의 장점을 발견하고 그것을 칭찬해주자 겨우 1, 2분 만에 분위기가 완전히 바뀌었다. 아이 엄마는 아들과 함께 상점을 나서면서 나에게 다정한 말투로 인사를 했다. 나는 그때 아이의 눈에 초롱초롱한 빛이 돌아오는 것을 볼 수 있었다. 내가 그 아이에게 손으로 뽀뽀를 날리자 그 아이는 행복한 표정으로 손을 흔들어주었다. 몇 분 뒤 내가 주차장에 도착했을 때 웃음소리가 들려왔다. 소리가 나는 쪽으로 고개를 돌려보니 아까 그 여자가 아들을 차에 태우면서 간지럼을 태우고 있었다.

작은 잘못을 저질렀지만 그 아이가 얼마나 소중한 아이인지 볼 수 있도록 아이 어머니를 도와줌으로써, 나는 그 아이에게 작지만 의미 있는 선물을 준 셈이었다. 덕분에 그들은 아마 그날 밤을 즐겁게 보냈을 것이며, 소중한 한 소년은 불필요한 벌을 면제받고 가치를 조금 더 인정받았을 것이다.

독립적인 사고를 장려해라

> "자기 눈으로 보고
> 자기 가슴으로 느끼는 사람은 그리 많지 않다."
> _ 알베르트 아인슈타인

수많은 사람들이 기본적인 인권마저도 박탈당하는 것을 보면서 사람들은 자유를 이전보다도 훨씬 더 중요하게 생각한다. 우리는 표현의 자유, 종교의 자유 그리고 다양한 수준에서 자신의 가치와 이익을 추구할 자유를 갖고 있다. 하지만 자기 가족의 인식, 가치, 판단과 무관하게 스스로 생각하고 생활할 수 있는 자유를 가진 민주적인 가정에서 자란 사람이 얼마나 될까?

나는 언젠가 2,000명이 넘는 교육자들이 모인 강당에서 강연할 때, 자라면서 스스로 생각하고 가족과 상관없이 자기 의견을 가지라고 장려받은 사람이 얼마나 되는지 질문한 적이 있다. 내가 마주친 것은 멍한 표정들과 공허한 눈길들뿐이었다. 여기저기 가뭄에 콩 나듯 몇 개의 손이 올라오기는 했으나 대부분의 사람들은 나의 다음 질문을 기다리고 있었다.

"다른 것도 아니고 자기 자신의 시각 그리고 특히 자식들의 시각을 가질 여지를 만들어주는 가정이 거의 없는 것은 도대체 어떻게 된 일일까요? 이런 상황은 실제로 그들의 관계와 세계에 어떻게 영향을 미칠까요?"

그때 한 여성이 손을 들고 자기 아버지가 가족에게 한 일을 설명했는데, 강당에 있던 모든 사람들이 그 이야기를 듣고 입을 다물지 못했다. 그 가족은 한 달에 한 번씩 당시 사람들의 관심을 가장 많이 끈 화제를 선정하여 토론을 벌였다고 한다. 식구들은 이른바 '열쇠구멍 증후군'을 방지하기 위하여 토론할 때 서로 다른 시각을 담은 의견을 내놓곤 했는데, 열쇠구멍 증후군이란, 그녀의 아버지의 주장에 따르면, "시각이 너무도 좁아져서 두 눈으로 동시에 한 열쇠구멍을 통해 세상을 볼 수 있는" 증세이다.

그 가족은 공직에 출마하는 사람에 대해 토론하기도 하고 어떤 때에는 사형이나 낙태 또는 테러와 같은 국민적인 관심사를 주제로 토론하기도 했다. 그녀의 아버지는 자식들에게 다른 사람의 시각이 아닌 자기 자신의 시각을 가져보라고 격려해주었으므로 그들의 토론은 사고의 범위를 넓혀주는 자극제 역할을 했다. 또한 자기 시각이 아니더라도 어떤 정해진 시각을 가져보는 것도 장려되었다. 그를 위해 아이들은 맡겨진 입장에서 문제를 보아야 했다. 이런 토론 덕분에 그녀를 비롯하여 그녀의 형제자매들은 자라면서 신문이나 잡지 그리고 전통적인 시각과 새로운 시각 모두에 친숙해질 수 있었다.

가족 토론회의 규칙 가운데 하나는 모든 시각이 동등한 가치를 가진 것으로 존중받아야 한다는 것이었다. 그녀의 아버지는 자식들에게, 어떤 문제에 대해 자기 의견을 정하기 전에 그와 관련된 여러 의견들을 주의 깊게 들어보아야 한다고 강조했다. 하지만 이런 자세가 선거 전에 행해지는 정치 토론에서는 전혀 보이지 않는다. 공정한 정치를 빙자하여 상대방의 말꼬리를 잡고, 자극하고, 때로는 인격적인 모욕을 주는 일도 서슴지 않는다. 강당에 모인 청중들은 그녀와 그녀의 형제자매들이 성인이 된 오늘날에도 그 토론회가 계속되고 있느냐고 물었다.

"우리가 다 자란 지금은 더 이상 매달 다른 사람의 시각으로 토론해야 할 필요는 없겠지요."

그 여자는 웃으면서 대답했다.

"기본적으로 우리는 모두 무척 다른 시각을 갖고 있습니다. 아버지 덕택에 우리는 모일 때마다 많은 다양한 주제들을 놓고 활기차게 대화하고 토론합니다!"

나는 그 여자의 이야기를 들으면서 느끼는 바가 많았고, 그녀의 아버지를 개인적으로 만날 기회를 가졌으면 좋겠다고 생각했다. 그는 자식들이 아무 생각 없이 남의 의견이나 좇지 않고 스스로 생각하게 했다. 나이를 불문하고 스스로 생각하는 사람을 찾기는 쉽지 않다. 아인슈타인은 "대부분의 사람들은 생각하지 않는다. 그저 자기의 편견들을 재정리할 뿐"이라고 했다. 또 간디는 언젠가 서구 문명에 대해 어떻게 생각하느냐는 질문에 다음과 같이 대답했다.

"나는 그것이 좋은 아이디어라고 생각합니다."

실천 방안

1. '만회를 위한 4단계'를 실시해라.

진심 어린 사과만큼 가슴에 와닿는 것은 없다. 우리는 가끔씩 자기도 모르게 다른 사람에게 상처를 주기 때문에 다른 사람에게 사과할 때에는 4단계를 모두 거치도록 습관화하는 것이 좋다. 자식들에게도 그렇게 하라고 장려해라. 그런 노력은 인간관계에서 신뢰감을 높이고 충분한 보답을 할 것이다.

2. '어마어마한 실수 식사'를 해라.

가까운 시일 내에 믿을 만한 몇몇 친구들 또는 가족들과 함께 '어마어마한 실수 식사'를 계획하고, 최근 몇 가지 실수로부터 배운 교훈을 즐거운 마음으로 이야기해보아라. 현재 겪고 있는 어려움을 화제에 올려 잘못에서 보물을, 실수에서 교훈을 찾는 방법을 강구해보아라.

아이들이 보내는 메시지

"성장할 수 있는 기회에 대해"

사랑하는 엄마, 아빠.
실수에 대한 두 분의 태도는
우리의 안녕에 영향을 미칩니다.
좋거나 나쁘게.

두 분이 우리를 질책할 때
우리는 모험을 회피하는 태도를 배운답니다.
두 분이 우리의 잘못을 너그럽게 넘길 때
우리는 거듭 도전하는 자세를 배운답니다.

두 분이 우리의 의견에 면박을 줄 때
우리는 생각을 속으로 담아두는 습관을 들인답니다.
두 분이 우리에게 스스로 생각하라고 격려할 때
우리는 독립심을 배운답니다.

그러니 부디 자라면서 실수하고,
스스로 생각할 수 있는 기회를 주세요.
우리는 우리의 판단을 믿는 법을 배우고
자라서 좋은 선택을 할 테니까요.

08 평생 배우는 모습을 보여주어라

계속 열정을 잃지 마세요,
꿈을 좇고 배우는 일에.
우리도 부모님의 열정에 자극받아
똑같이 하겠다며 고취될 거예요.

배움은 심지어 우리가 자궁을 떠나기 전부터 시작되어 죽을 때까지 계속된다. 배움은 우리가 발전할 수 있게 해주며, 가치 있는 지식과 지혜를 습득할 수 있게 해준다. 배움은 우리를 강하게 하며 삶을 풍요롭게 하고 새로운 가능성을 보여준다. 이 밖에 여러 가지 이유로 어렸을 적에 배움에 대한 사랑을 은연중에 넣어주는 것은 아이에게 평생 지속되는 장점을 심어주는 셈이다.

    책을 크게 읽는 것, 놀이를 하고 퍼즐을 맞추는 것, 함께 계획을 짜는 것, 하이킹, 자연 탐험, 생물 보호, 각종 강습받기, 취미 및 예술 공유, 영화 및 다큐멘터리 보기, 스포츠 즐기기, 노래하기, 춤추기, 문화 이벤트 감상, 여행, 종교 활동, 일상생활의 귀중한 업무나 교훈을 나누는 것 등 우리 아이들의 마음을 살찌우는 지속적인 배움을 촉진할 방법은 무수히 많다.

一

늘 배움에 정진해라

"세상이 무엇을 필요로 하는지 질문해라.
당신을 깨어 있게 만드는 것이 무엇인지 질문해라……
그리고 그것을 해라. 세계가 가장 필요로 하는 것은
깨어 있는 사람들이기 때문이다."

_ 하워드 서먼

우리 아이들에게 평생 지속되는 배움의 욕구를 심어주기 위한 방법으로 효과가 무척 크지만 그만큼 간과되기도 하는 것은 바로 어른 스스로 배움에 열정적으로 몰입하는 것이다. 배우려는 열정에 불타오르는 어른이 가까이 있다는 것만큼 아이들을 흥분시키는 것은 없다. 하지만 불행하게도 많은 어른들은 나이를 먹으면서 타고난 호기심과 열정들을 잊어버리고 안정이 상책인 무미건조한 생활을 한다.

영감을 자극하는 저술가이자 뛰어난 연설가인 레오 버스카글리아는 대중을 감동시키는 뛰어난 재주를 갖고 있었다. 그는 자신의 왕성한 활기가 상당 부분 아버지 덕분이라고 말했다. 레오의 아버지에게 인생은 거대한 배움의 여정이었고, 그는 자식에게도 똑같은 열정을 심어주고 싶어 했다. 그는 매일 자식들에게 한 가지씩 질문했다.

"너는 오늘 뭘 배울래?"

레오의 아버지는 자식들에게 저녁 먹으러 식탁에 올 때에는 무엇인가 재미있는 이야기를 한 가지씩 준비해 오게 했다. 레오의 아버지도 다양한 삶의 교훈과 수많은 주제들에 대한 시각 등을 이야기하면서 참여했다. 레오 형제들은 교과서에 나오는 재미있는 내용을 비롯하여 생각해낼 수 있는 것은 무엇이든 내놓았다. 레오는 저녁식사 직전에 급히 백과사전을 펼쳐 들고서, 주목을 끌 만한 기상천외한 일이나 잘 알려지지 않은 사실들을 찾아내 가족들 앞에 꺼내놓아야 했던 일이 한두 번이 아니었다.

레오의 아버지는 아이들이 발표할 때 종종 놀란 눈으로 쳐다보았다. 그는 자기가 모르는 어떤 사실을 들을 때마다 깊이 한숨을 쉬면서 턱을 움켜쥐고 말하곤 했다.

"이건 정말 멋진 이야기인걸. 이걸 알고 있었던 사람 있니?"

아주 오랜 세월이 지난 뒤에야 레오는 이 저녁 활동이 얼마나 배움을 자극했는지 깨달았다. 레오는 아무리 늦게 잠자리에 들더라도 잠들기 전에 자문하곤 했다.

"레오, 너는 오늘 무엇을 배웠지?"

그는 자신의 질문에 해답을 찾기 전에는 잠을 자지 못했다.

40세의 캐런은 끔찍이 사랑했던 할머니로부터 배운 모든 것을 애틋한 마음으로 기억하고 있다. 그의 할머니 페마는 캐런의 가족과 함께 살려고 일흔다섯 살 때 미국으로 이민 왔다. 그녀는 조국 이란에서 작은 마을에 살았고 어디를 갈 때에는 주로 걸어다녔기 때문에 운전법을 알 필요가 없었다. 하지만 로스앤젤레스에서는, 캐런의 할머니가 곧 깨달았듯이, 이야기가 전혀 달랐다. 처음 몇 년 동안 페마는 한 장소에서 다른 장소로 이동하기 위해 친척에게 부탁하거나 택시, 버스를 이용했다. 시간이 지나면서 페마는 미국이라는 나라와 영어에 익숙해져갔고, 그러면서 스스로 운전을 배우겠다고 결심했다. 물론 가족들은 그녀가 '너무 늙은' 것을 걱정했다.

가족의 반대에도 아랑곳하지 않고 페마는 78세의 나이에 처음으로 운전학원에 등록했다. 같이 수강하는 사람들은 대부분 그녀의 손자보다도 어린 사람들이었다. 페마는 두 번 고배를 마신 뒤에 필기시험에 합격했고, 그보다도 몇 번 더 고배를 마신 뒤에야 주행 시험에 합격했다. 드디어 면허증을 땄을 때 페마는 생일잔치 때의 아이마냥 우쭐했으며 심지어 면허증 획득을 축하하기 위해 케이크를 굽기까지 했다.

운전면허를 따서 먼 곳까지 어렵지 않게 갈 수 있게 되자 페마는 여든 살의 나이에 근처에 있는 노인 대학에 입학했다. 페마는 결국 노인 대학에서 2년 과정을 성공적으로 마쳤을 뿐만 아니라 지금까지 그 과정을 마친 최고령 학생으로서 특별 공로상까지 받았다. 페마는 자신이 받은 교육을 잘 이용하여 정년퇴직 노인 전용 아파트에서 노년의 삶을 풍요롭게 하기 위한 프로그램을 실시했다. 페마는 92세의 나이로 사망할 때까지 그 일을 열정적으로 계속했다.

캐런은 할머니를 회상하면서 다음과 같이 말했다.

"어쩌면 그 12년이 할머니 인생의 황금기였을 수도 있습니다. 할머니는 정말 늙지 않았기 때문이죠. 할머니는 좋아지기만 했어요. 할머니는 이란에서 평생 자식 다섯과 손자 일곱, 증손자 넷을 키운 아내이자 어머니였습니다. 할머니는 가족에 대한 자부심이 대단했으나 미국으로 여행하는 것이 늘 꿈이었죠. 그래요. 할머니는 미국으로 여행했을 뿐만 아니라 미국에서 살고, 언어를 배우고, 운전면허를 따고, 학위를 따고, 선생 그것도 사랑받는 선생이 되었던 거예요."

캐런은 자신이 갖고 있는 야망과 끈기의 상당 부분이 할머니인 페마 덕분이라고 생각한다. 그녀의 할머니는 일생을 통해 상당한 수완을 보여주었다.

가족이 함께 새로운 것을 배워라

"나는 지금도 배우고 있다."
_ 미켈란젤로

내가 열 살 때 나와 어머니 다이애나는 애완동물을 키우고 싶다고 생각했지만 무엇을 해야 하는지 아는 것이 하나도 없었다. 우리는 작은 동물에게 밥을 주고 함께 노는 모습을 상상하기는 했지만, 네 발 달린 작은 친구를 사서 집으로 데리고 온 뒤에야 애완동물을 기르는 데에는 어마어마한 일이 수반된다는 것을 알았다. 애완동물 토비가 온 뒤 처음 몇 주일 동안 우리는 갓난아기가 있는 집처럼 하루 24시간이 모자랄 지경이었다.

애완동물을 훈련시키는 것이 생각보다 훨씬 더 만만치 않다는 것이 분명해졌을 때 우리는 그 귀한 애견을 애견 훈련센터로 데려가야 한다는 사실을 깨달았다. 어머니와 나는 토비를 관리하는 책임을 공유하고 있었기 때문에 두 사람 모두 훈련센터에 가는 것이 중요했다. 그래야 우리 두 사람이 똑같은 방법으로 토비를 훈련시킬 수 있기 때문이었다. 결과적으로 그것은 매우 효율적이고 재미있었다!

수업은 개 일곱 마리의 대가족을 기르는 부부가 진행했다. 그 일곱 마리 개는 개가 보여주어야 할 적절한 에티켓을 확실하게 보여주며 수업에 참가했다. 개들은 얌전하고 영리했으며 바르게 행동했다. 그 개들은 아직 제멋대로 행동하는 어린 애완동물들을 훈련시키고 있다는 것을 본능적으로 아는 것 같았다. 그 개들은 놀랄 정도의 참을성을 보여주었고, 훈련받고 있는 애완동물들이 일정한 지역을 벗어나 돌아다니면 큰 소리로 짖었다. 우리는 토비에게 제대로 훈련을 받으면 어느 정도까지 될 수 있는지를 보여주면서 즐거운 시간을 보냈다. 각각의 수업이 끝난 뒤 어머니와 나는 며칠 동안, 강아지 예절 시간에 우리의 땅딸보 퍼그 종이 터벅터벅 걷던 모습을 떠올리며 낄낄대고 웃었다. 토비는 늘 구경꾼들의 칭찬과 주목을 받으려고 애를 써서 그 반에서 나서기 좋아하는 광대로 유명했다.

어머니와 내가 정말로 즐거웠던 것은 새로운 배움의 경험을 함께하면서 천사 같은(음……, 거의 천사 같은) 개를 기르는 데 필요한 지식을 얻고 있다는 사실이었다. 우리는 아주 즐거운 시간을 보내면서 최고의 조련사들로부터 개를 훈련시키는 많은 기술을 습득했다.

토비가 정말 매력적인 동물이 되는 데는 많은 시간이 필요하지 않았다. 정해진 훈련이 끝날 즈음에 우리는 정말 똑똑하고 귀엽게 꼬리를 흔드는 작은 개를 한 마리 갖게 되었다. 이 녀석은 손님이 왔을 때 손님이 불러서 쓰다듬어줄 때까지 기다릴 줄 알았고, 우리가 밥을 먹을 때에는 식탁 아래에서 먹을 것을 달라고 조르지 않고 옆방에 머물 수 있었다. 토비는 심지어 내가 아기 때의 옛날 옷을 입히고 사진을 찍기 위해 자세를 가다듬어줄 때에도 완벽하게 조용히 앉아 있을 수 있을 정도였다(물론 그것은 그렇게 행동했을 때 자기가 좋아하는 베이컨을 얻어먹을 수 있다는 기대 때문이기는 했다). 애견 훈련 교실을 완벽하게 마치고 나서 우리는 개 훈련만큼이나 즐길 만한 일로서 가까운 농장에서 승마를 함께 배우기로 했다. 어머니와 나는 새로운 동물 경험을 함께하면서 즐거운 시간을 보냈고 그 덕분에 수많은 따뜻한 기억들을 만들 수 있었다.

열여덟 살 고등학생인 조엘은 열다섯 살 되던 해 여름의 즐거움을 기억하고 있다. 그때 그의 어머니 에린이 그와 함께 스케이트보드 교실에 등록하기로 결심했던 것이다. 그 일은 농담이 발단이었다. 조엘은 아직 운전면허증이 없었기 때문에 어머니가 운전하는 차를 타고 스케이트보드 교실로 갔다. 교실을 왕복하는 거리가 꽤 길었으므로 에린은 아들에게 말했다.

"아이고, 조엘. 이렇게 운전하는 게 아까워서 너랑 같이 배워야 할까 보다!"

생각 끝에 조엘의 어머니는 정말로 그렇게 하기로 했다. 그녀는 운동신경이 좋았고 고등학교 시절에는 롤러스케이트를 꽤 잘 탔다. 게다가 스케이트보드 타기는 상당한 운동이 될 수 있었다. 처음에 조엘은 어머니와 함께 다니는 것을 굉장히 창피하게 생각해서, 스케이트보드 교실 친구들이 그 '아줌마'가 자기와 관계있는 사람이라는 것을 알지 못하도록 떨어져서 걸으라고 어머니한테 투정을 부렸다. 조엘의 어머니는 성격이 원만하고 스케이트보드 타는 실력도 그다지 떨어지지 않았기 때문에 교실에서 평판이 좋았다. 이윽고 같은 반 사람들이 에린이 조엘의 엄마라는 것을 알았다. 그들은 조엘에게 말했다.

"네 엄마, 정말 멋있는걸!"

"우리 엄마 같으면 절대로 시도해보려고 하지 않았을 거야."

8주가 끝날 무렵 조엘과 에린은 가족들에게 자랑스럽게 보여줄 만한 스케이트보드 기술 몇 가지를 능숙하게 할 수 있었다. 비록 조엘의 어머니는 스케이트보드 교실에 계속 다니지는 않았지만 한적한 도로나 근처의 공원에서 새로 익힌 기술을 연습했다. 조엘의 어머니는 스케이트보드 교실을 다니면서 더욱 젊어지고 기분이 고양되는 것을 느꼈다. 에린은 이전에는 너무 무서워서 엄두도 내지 못했던 분야, 이를테면 탱고 교실이나 주식 투자 교실에도 도전할 수 있는 힘을 얻었다. 에린과 조엘은 모두 배움의 경험을 공유하면서 아주 많은 것을 얻었다. 조엘은 자기 어머니가 무엇인가 새롭고 다른 것을 해보는 모습을 보았고, 에린은 전에 자신이 할 수 있다고 생각하지 못했던 것을 해낸 뒤에 젊음을 되찾은 기분을 느꼈다.

지능의 일곱 가지 영역에
대해 배워라

"모든 사람은 천재로 태어난다.
하지만 삶의 과정이 천재성을 빼앗아버린다."
_ 벅민스터 풀러

교육 현장에서 가장 편협하게 굳어진 관례는 다수 가운데 소수를 추려내기 위해 '타고났다'는 용어를 사용하는 것이다. 사람은 누구나 자신만의 재능을 타고난다. 각자의 재능을 발견하고 개발하는 것이 문제일 뿐이다. 하버드 대학교의 심리학 교수 하워드 가드너는 인간의 두뇌에서 최소한 일곱 가지 '지능 센터'를 확인했다. 좋은 평가를 받아온 그의 연구는 좁은 지능 인식 영역을 확장시켜 이전에는 인정되지 않았던 수많은 영역들을 포함시켰다.

각 가족 구성원들이 어떤 영역에서 가장 큰 재능을 갖고 있고 가장 흥미를 느끼는지 확인하기 위한 시도로서, 일곱 가지 지능 영역을 알아보는 것이 좋은 출발점이 될 수 있다. 일부 사회나 문명에서는 일곱 가지 지능 센터 가운데 한두 가지 센터에 더 높은 가치를 부여하지만, 배움을 풍부하게 하는 데 기여하는 점에서는 모든 영역이 동등한 가치를 지니고 있다.

일곱 가지 지능 영역

1. 신체 운동감각 지능

신체 운동감각 지능은 스포츠, 보디빌딩, 마라톤, 곡예, 기계를 다루는 기술, 수공예, 그 밖의 육체적 행동을 포함하는 모든 활동에 관심을 갖는 사람들에게서 잘 발달된다. 신체 운동감각 지능이 높은 사람들은 물리적 환경에 대한 반응을 고도로 발달시킨다. 그들은 재빠르고 건강하며, 몸에 대한 통제가 특히 좋다. 그들은 협동을 잘하고 반사가 뛰어나며, 무엇을 조작하거나 만들어내는 데 능숙하다.

2. 시·공간 지능

시·공간 지능은 시각적 예술, 지도, 도표 그리고 비유의 사용에 관심이 많은 사람들에게서 가장 잘 나타난다. 그림 그리기, 색칠하기, 보석 세공, 건축, 인테리어 디자인, 조각, 지도 작성 등이 그들이 관심을 갖는 대표적인 분야들이다. 시·공간 지능을 가진 사람들은 색깔과 아름다움에 관한 눈을 갖고 있으며, 장식이나 디자인에 뛰어난 능력을 발휘한다. 그들은 형태, 치수, 공간을 예민하게 자각한다.

3. 언어 지능

언어 지능은 읽고 쓰고 듣기를 좋아하는 사람들에게서 관찰된다. 그들은 글과 말에 열정을 갖고 있으며, 흔히 맞춤법, 작문, 이야기 꾸며내기, 편집, 발음에 뛰어나다. 그들은 사소한 일도 잘 기억하며 재치 있게 말하는 데 능숙하다. 언어 지능을 갖고 있는 사람들은 어휘력이 풍부하며 흔히 몇 개 국어를 구사한다. 그들은 낱말 맞추기나 끝말잇기 같은 놀이를 좋아하며, 받아쓰기나 토론에서 뛰어난 능력을 발휘하는 경우가 많다. 그들은 훌륭한 대변인이 될 수도 있으며 글을 통한 의사소통을 선호하는 경향이 있다.

4. 논리·수학 지능

논리·수학 지능은, 몇 가지 분야를 예로 든다면, 과학, 수학, 공학, 법률, 회계에 능숙한 사람들에게서 잘 발휘된다. 이런 종류의 지능을 가진 사람은 숫자, 문제 풀기, 조사, 논리적 실험, 자료 처리, 추상적 사고를 좋아한다. 그들은 컴퓨터, 계산기, 온갖 종류의 기술적 장치들에 특히 마음이 끌린다.

5. 음악 지능

음악 지능을 가진 사람들은 리듬, 가락, 박자, 음질 그리고 온갖 종류의 소리에 익숙하다. 그들은 복잡한 음악적 편곡과 음악의 감정적인 능력을 사랑한다. 음악 지능을 부여받은 사람들은 온갖 종류의 음악을 만들어내고 듣는 것을 즐긴다. 그들은 작곡가, 음악 교사, 가수, 교향악단 지휘자, 성우, 녹음 기사, 연주자 또는 프로듀서 등이 될 수 있다.

6. 대인관계 지능

대인관계 지능은 교사, 정치가, 세일즈맨, 웅변가, 지도자 그리고 대인관계 전문가들을 비롯하여 많은 사람들에게서 잘 발달된다. 그들은 일반적으로 대인관계가 넓고 대화와 협상을 잘하며, 여러 사람이 모여 일하는 것을 좋아하고 여러 집단이나 모임에 몰두하는 경향이 있다. 그들은 지도적인 역할을 즐기며 다른 사람들에게 영향을 미치는 것에 높은 가치를 둔다.

7. 자기 이해 지능

자기 이해 지능은 철학자, 카운슬러, 시인, 신비주의자, 현명한 노인들, 종교 지도자, 정신적 스승 등의 사람들에게서 흔히 발견된다. 자기 이해 지능을 가진 사람들은 자기 인생의 목적에 정통해 있으며, 다른 사람들의 느낌과 욕망 그리고 열망을 잘 알아차린다. 그들은 당대의 일반적인 사고방식에 상대적으로 영향을 덜 받으며, 자신이 하는 모든 일에 불멸의 지혜와 영혼의 통찰력을 불어넣는다. 그들은 다른 사람들을 도우려고 하며 긍정적인 변화를 일으킨다.

일반적으로 각 개인은 한 가지 이상의 영역에서 고도로 발달되고 그 밖의 영역에는 취약하다. 어떤 사람은 전 영역에 걸쳐 고르게 발달할 수도 있고, 또 어떤 사람들은 한두 가지 분야가 더 발달할 수도 있다. 또한 한 개인이 인생의 단계에 따라 선호하는 영역이 달라질 수도 있다. 십대 소년이 운동을 잘하고 스포츠 지향적이라면 신체 운동감각 지능에 많은 관심을 둘 것이다.

그런데 그가 자라서 대학에 간 뒤에는 법률과 글쓰기 성향을 발견하여 논리·수학 지능과 언어 지능에 새로운 관심을 쏟을 수도 있다.

가족의 일곱 가지 지능 영역을 두 가지 방법으로 평가해보아라. 먼저 각 지능 영역에서 자신의 선천적 재능을 평가하는데, 가장 강한 재능을 1로, 가장 약한 재능을 7로 한다.

다음에는 다시 일곱 가지 지능 영역을 검토하여 자신의 관심 수준을 평가해라(관심이 적거나 아예 없는 경우는 1, 관심이 많은 경우는 5). 만약 음악 지능 영역에서는 아주 작은 재능만 있지만 피아노 배우는 데 큰 관심을 갖고 있다고 느낀다면, 음악 지능에 5점을 매긴다. 수학적 지능에는 꽤 높은 능력을 갖고 있지만 그 영역을 더욱 깊이 추구하는 데에는 거의 관심이 없다고 느껴지면 점수는 1이나 2가 된다.

자신의 선천적 재능과 관심 정도에 등급을 매기고 나서, 양쪽 모두에서 높은 점수를 받은 한 가지 지능 분야를 선택하고 앞으로 그 분야를 더욱 개발할 것을 고려해보아라. 조금 더 위대한 통찰력을 얻고 싶다면, 가족 구성원이나 믿을 만한 친구에게 자신의 선천적 재능과 관심 수준의 등급을 매겨달라고 부탁하여 자신이 매긴 점수와 얼마나 일치하는지 알아보아라.

지능의 열두 가지 도구

"지능은 시대를 불문하고 늘 최고의 선물이자 미스터리 가운데 하나이다."
_ 칼 세이건

지능은 인간의 진화에서 매우 최근에야 이해되기 시작했다. 인간의 역량에 대한 우리의 이해 정도는 아직 유아 단계를 벗어나지 못하고 있다. 몇 년 전에 대학교에서 강의하면서 나는 뇌 연구와 지능을 가르쳤다. 나는 학생들의 도움과 반응을 이용하여, 지능에 대한 기본적인 도구들의 목록을 작성했다. 여기에 소개하는 열두 가지 도구들은 보통 사람이라면 누구나 발휘하는 것들 가운데 일부이다. 우리가 이들 도구를 상당히 잘 활용한다면 인생에서 성공하기 위해 지능을 더욱 효과적으로 이용할 수 있다. 아래의 목록을 주의 깊게 읽고 자신의 현재 경향을 생각해보아라.

지능의 열두 가지 도구들

1. 적응 : 새로운 상황을 잘 받아들이고 그것과 잘 어울리는 능력.
2. 집중 : 정신을 한 곳으로 모으고, 정신을 산만하게 하는 요인들을 걸러내는 능력.
3. 창조 : 기존과 다른 새로운 방법으로 생각하며, 아직 존재하지 않는 것을 머릿속에 그려내는 능력.
4. 분별 : 사물이나 상황들을 구별해내는 능력. 이를테면 좋은 것과 나쁜 것, 거짓과 진실, 도움이 되는 것과 해가 되는 것 등.
5. 편집 : 부정적인 태도, 편견, 자기중심적 사고, 자신의 생각이나 환경에서 적절하지 않거나 시대에 뒤떨어진 정보들을 걸러내는 능력.
6. 감정 파악 : 자신과 타인의 감정과 욕구들을 이해하고 상대의 감정을 올바르게 이해하면서 행동하는 능력.
7. 피드백 : 적극적으로 행동하고 그 행동의 결과를 받아들이며, 더욱 효율적으로 되기 위해 자신의 행동을 변화시키는 능력.
8. 지식 소유 : 다양하고 풍부한 기반으로부터 지식을 뽑아내는 능력.
9. 기억 : 정보와 사건을 정확하게 기억해내서 재생하는 능력.

10. 처리 : 편견이나 선입관을 배제하고 정보를 정확하게 파악, 해석하는 능력.
11. 자기 교정 : 멈춰서 스스로 평가한 다음, 방향을 바꾸거나 올바른 길로 돌아가기 위해 필요한 조치를 취하는 능력.
12. 시뮬레이션 : 결과를 이해하고 변수들을 시험하기 위해 전략을 세우고 상황을 철저하게 점검하는 능력.

거의 발달하지 않은 상태를 1, 상당히 발달한 상태를 5로 하여 열두 가지 영역 각각에서 자신과 자식들(열두 살 이상)의 등급을 매겨보아라. 낮은 등급을 받은 도구 가운데 한 가지를 선택하고 행동 계획을 만들어 등급을 올리도록 노력해라.

중년을 넘긴 한 여성은 국제 협상가로서 세계 곳곳에서 생활했던 경력이 있었는데, 스스로 적응과 지식 소유에서 최고 점수를 부여했다. 한편 편집과 자기 교정에서는 가장 낮은 점수를 부여했다. 그녀는 자기 방식에 굳어져 있었고 오랜 세월 동안 몇 가지 나쁜 습관들을 반복하고 있었기 때문이었다. 그녀의 행동 계획은, 가장 고질적인 몇 가지 습관들(이를테면 흡연, 음주, 커피를 너무 많이 마시는 것, 아주 늦게 잠자리에 드는 것 등)을 바꾸는 데 도움을 얻기 위해 전문가와 상의하고, 얼마 동안 매일매일 전화하여 채근해줄 수 있는 가장 친한 친구의 도움을 구하는 것이었다.

중년에 이른 한 시나리오 작가는 직업 때문에 창조력이 가장 강하다는 것을 알았다. 그러나 그는 충동적으로 결정하는 경향이 있었기 때문에 시뮬레이션에서 가장 약했다. 그의 행동 계획은, 중대 결정을 내리기 전에 그 결정의 장단점들을 꼽아보고 날카로운 질문들의 목록을 만들고 스스로 대답하는 것이었다. 그는 또한 필요할 때 믿을 만한 친구나 조언자를 만나기로 했다.

고등학교에 근무하는 한 젊은 여성은 자신이 상대방의 감정을 파악하는 데 매우 강하다는 것을 알았다. 이전에 십대 상담 교사 훈련을 받은 적이 있는 데다가, 선천적으로 다른 사람의 감정에 잘 공감하기 때문이었다. 반면에 가장 약한 분야는 집중이었다. 그녀는 차분하게 과제를 마치거나 하루 계획을 세우는 데 어려움을 겪었다. 그녀의 행동 계획은, 정신을 맑게 하기 위해 공부하기 전 몇 분 동안 시간을 내어 마음을 가라앉히고 긴장을 완전히 푸는 것이었다. 그럴 경우에 일반적으로 권장되는 방식은 10분 휴식 후 45분 공부였다. 곧 휴식할 수 있다는 것을 알면 더욱 집중하는 데 도움이 될 수 있을 것이다.

대기만성의 위인들로부터 배우는 교훈

> "장애물이 나를 꺾을 수는 없다.
> 모든 장애물은 굳은 결심 앞에서 굴복한다.
> 별에 고정된 사람은 마음을 바꾸지 않는다."
> _ 레오나르도 다 빈치

인류 역사를 통틀어 가장 유명하고 존경받는 사람들 가운데 일부는 자신만의 독특한 학습 방법을 갖고 있었으며 반드시 규범에 따르지는 않았다. 그들의 특별한 재능은 당대 사람들에게 인정받지 못하는 경우가 많았는데, 그것은 그들이 기존의 정해진 길을 따라가지 않았기 때문이다. 많은 경우에 그들은 이전에 존재하지 않던 새 길을 열었다.

아이들에게 시련을 극복할 수 있는 힘을 길러주기 위해, 시련을 극복하고 새로운 경지를 열었던 위대한 인물들의 삶을 가르치는 것은 좋은 방법이다. 역사상 가장 찬란하면서도 제대로 이해받지 못했던 학생들을 아래에 나열했다.

- 루트비히 반 베토벤의 음악 교사는 베토벤이 음악적 재능이라고는 눈곱만큼도 없다고 확신하면서 다음과 같이 말했다. "이 아이는 작곡가로서는 희망이 없다."
- 토머스 에디슨은 어렸을 적에, 너무 멍청해서 아무것도 배우지 못한다는 말을 들었다.
- 헬렌 켈러는 듣지도 보지도 못하는 두 가지 장애를 갖고 태어났으나 당대에 가장 감동을 주는 철학자이자 작가가 되었다.
- 구스타프 플로베르는 어렸을 적에, 읽는 것이 극단적으로 어렵다는 것을 알았다.
- 아이작 뉴턴은 초등학생 때 반에서 가장 낮은 성적을 받기도 했다.
- 엔리코 카루소는 음악 선생으로부터 다음과 같은 말을 들었다. "너한테는 목소리라는 게 아예 없어."
- 월트 디즈니는 '좋은 아이디어라고는 단 한 개도 내지 못해' 신문사 편집자로 일하다가 해고당했다.
- 윈스턴 처칠은 6학년 때 낙제를 했다.
- 무명의 아프리카계 미국인 여자 재봉사 로사 파크스는 버스에서 내리기를 거부하고 시민권 운동에 불을 지폈다.
- 토마스 아퀴나스는 학교에서 '말 못하는 소'라는 별명을 얻었다.
- 스위스의 선구적인 교육자 요한 페스탈로치는 학교 당국자로부터 거칠고 어리석다는 평가를 받았다.

- 레오 톨스토이는 대학에서 퇴학당했다.
- 조울증에 시달렸던 버지니아 울프는 20세기의 위대한 작가 가운데 한 명이 되었다.
- 알베르트 아인슈타인은 네 살 때까지 말을 하지 못했고 일곱 살 때까지 읽지 못했다. 그의 초등학교 선생 가운데 한 명은 "그는 어떤 것을 해도 성공하지 못할 것이다."라고 말하면서 일찍 직업을 선택하라고 권했다.
- 웰링턴 공작은 학교에서 여러 번 낙제했다.
- 유명한 동화『작은 아씨들』을 쓴 루이자 메이 올컷은 어떤 편집자로부터 "당신은 대중적으로 인기 있는 작품을 절대로 쓰지 못할 것"이라는 말을 들었다.
- 에이브러햄 링컨은 블랙호크 전쟁에 대위로 참가했다가 군대에서 나올 때에는 사병으로 강등되었다.

사실상 모든 사람들은 살아가면서 때때로 힘든 시기를 경험한다. 하지만 성공과 실패를 결정하는 것은 얼마나 많이 실패했느냐가 아니며, 최종적인 결과를 결정짓는 것은 얼마나 다시 일어서서 재도전하느냐라는 것을 아이들이 이해할 필요가 있다. 앞에 언급된 위인들이 자기의 실패나 비판들을 지나치게 진지하게 받아들였다면 어땠을지 상상해보아라. 어쩌면 만사를 포기하고 아예 시도조차 하지 않았을지도 모른다. 그랬다면 인류는 값으로 따질 수 없는 그들의 위대한 업적을 놓쳤을 것이다.

처칠은 일류 영어학교 졸업반 학생들에게 한 유명한 연설에서 그것을 제대로 언급했다. 처칠은 꼬박 10분 동안 교실을 둘러보고 나서 천둥 같은 목소리로 말했다.

"절대로 포기하지 마라."

그리고 처칠은 오랫동안 아무 말 없이 졸업생들 한 명 한 명의 눈을 똑바로 쳐다보았다. 이윽고 처칠은 숨을 깊이 들이쉰 후에 다시 한 번 말했다.

"절대로 포기하지 마라."

그의 목소리에는 한층 절박하고 단호한 어조가 배어 있었다. 그리고 숨소리조차 들리지 않는 고요가 다시 한 번 이어진 후, 처칠은 힘차고 호소력 있는 목소리로 다시 외쳤다.

"절대로 포기하지 마라!"

그리고 뚜벅뚜벅 단상에서 걸어 내려왔다. 말할 필요도 없이 그 연설은 인상적이었으며, 아마 그 자리에 있었던 어느 누구에게나 평생 잊지 못할 연설이었을 것이다. 처칠은 대중 연설 역사상 가장 길었을 박수갈채를 받았다.

―

꿈을 좇는 데 늦은 법은 없다

"나는 먼지보다는 재가 되고 싶다.
나는 생기가 말라 질식하는 것보다는
밝은 불꽃을 내며 타고 싶다."

_ 잭 런던

내가 일곱 살 때 아버지 로는 일생일대의 가장 큰 모험을 시작하지 않을 수 없었는데, 결과적으로 아버지는 그것을 통해 나에게 흔들리지 않는 끈기는 꿈을 이룰 수 있다는 사실을 보여주었다. 아버지는 삼십대에, 그때까지 쌓아 놓은 목수로서의 안정적인 일을 과감하게 버리고 의사가 되겠다는 평생의 꿈에 도전하기로 결심했다.

아버지는 최선을 다해 열심히 일해야 한다는 근로 윤리를 갖고 있는 철저한 사람인 터라 매우 열심히 공부했다. 아버지는 위스콘신의 소규모 농촌 마을 출신으로 친척들은 대부분 농부였다. 삼십대의 시골 청년이 그렇게 높고 아득한 목표를 품는 것은 어쩌면 허황되다고 할 수 있었기에, 아버지의 꿈을 격려해주는 사람은 아무도 없었다. 많은 사람들이 아버지를, 어린애 같은 환상 따위를 추구하려고 머리 위의 지붕을 당장 치워버리는 멍청이라고 생각했다. 아버지의 꿈이 허황되게 보인 것은 분명했다. 하지만 아버지는 끈질기게 열심히 노력한다면 목표를 달성할 수 있다고 믿었다.

아버지는 각고의 노력 끝에 필요한 학부 과정을 끝내고 유명한 의과대학에 지원했으며 우리 모두는 숨을 죽이고 결과를 기다렸다. 나는 아버지가 한 손에 위스콘신 의과대학교에서 온 통지서를 들고 들어오던 그날을 평생 잊지 못할 것이다. 수백 명의 응시자들 중에서 선택받은 몇 명 가운데 한 명으로 아버지를 받아들인다는 내용이든, 아니면 입학을 정중하게 거절하는 것으로 어쩔 수 없이 아버지를 이전의 일터로 돌려보내는 내용이든 그 편지는 아버지의 일생을 결정하는 것이었다.

아버지는 떨리는 손으로 봉투를 뜯고 크게 읽었다. 놀랍게도 입학을 허가한다는 내용이었다. 아버지는 의기양양했고 우리는 모두 아버지의 성공을 뛸 듯이 기뻐했다. 이미 인생 중반에 이른 아버지는 곧 의과 공부에 몰입했다. 의학의 신비를 공부하는 몇 년 동안 아버지는 그야말로 열심이었다. 나는 아버지가 혼신의 힘을 다해 공부하는 모습을 감탄스럽게 지켜보았다. 나는 자라면서 수년 동안 아버지와 나란히 숙제를 하면서 보냈다. 시간이 흘러 하루 이틀, 한 달 두 달, 몇 달이 지나면서, 전염병 및 그 대책을 서술한 두꺼운 책들이 아버지의 손을 거쳐갔다. 아버지를 몰아붙였던 그 무지막지한 시험은 보통의 대학생들에게도 버거웠을 것이다. 아버지는 무시무시한 다음 시험에 대비하여 한 손에 커피를 든 채 수많은 밤들을 새우다시피 했다.

대학의 다른 동료들보다 열다섯 살쯤 많다는 사실은 아버지에게 아무런 장애가 되지 않았다. 아버지는 친절했고 남다른 열정 덕에 동료 학생들의 호감을 샀다. 대부분의 동료 학생들은 여러 가지 직업을 가져야 할 정도의 책임을 갖고 있지 않았고 아버지가 갖고 있는 삶의 다양성을 경험해보지 못했다. 아버지의 교수들은 공부하고자 하는 결단력을 보고 아버지를 좋아했다.

나는 한동안 아버지가 오후와 저녁 시간 대부분을 미친 듯이 공부하는 것으로 보내고 나서, 생계를 꾸리기 위해 새벽 3시부터 시작되는 3교대 직장으로 나가는 모습을 지켜보았다. 반면에 학자금은 할 수 있는 한 최대한 끌어썼다. 아버지는 심지어 지하실에 방 몇 개를 더 들여서 룸메이트를 두세 사람 더 들일 수 있게 하기까지 했다. 돈은 부족했지만 아버지는 끈질겼고, 마지막 결과물은 늘 그 싸움보다도 값져 보였다.

나는 아버지가 이 끝없는 기간 동안 자신의 추진력을 유지하기 위해 택했던 창조적인 방법들을 잊을 수 없다. 더욱 과감했던 아버지의 노력 가운데 하나는 거실 한쪽 구석에 공중 공부방을 설치한 것이었다. 아버지는 두꺼운 쇠사슬을 천장에 고정시키고 커다란 나무판자 몇 개를 매달았다. 1미터쯤의 높이에 판자들을 나란히 수평으로 고정시킨 것이었다.

아버지는 판자 둘레에 덩굴식물들을 매달아서 천장에 매달린 나무 집 같은 모양을 만들었다. 요와 베개 그리고 부드러운 음악을 들려줄 작은 전축을 가지고, 아버지는 모든 사람들이 한 번쯤 상상해보았을 가장 편안한 공부 공간을 창조했다. 그것은 책 속에 파묻혀 집중한 채 몇 시간을 보내면서 눈높이 위로 책상다리를 하고 앉아 있기를 좋아하는 사람에게는 완벽한 공간이었다. 또한 그것은 나 같은 어린아이가 문자 그대로 '머물면서' 놀고, 때로는 공부도 하는 곳으로도 완벽했다.

궁극적으로, 아버지의 집념은 보상을 받았다. 수년 동안의 정신적 노동 끝에 전문의 실습 과정을 마치고 마침내 의사가 된 것이다. 아버지는 12년 넘게 사람들을 돕는 일을 해오고 있다. 아버지는 지금도 세미나를 열기도 하고 세계 곳곳에서 열리는 학회에 참석하면서 배움을 계속하고 있다.

나는 아버지가 꿈에 도전한 것을 대단히 자랑스럽게 생각한다. 아버지는 시작부터 사소한 일 때문에 어려움을 겪기는 했지만 어느 것도 그가 가는 길을 막지는 못했다. 에스키모 속담에 다음과 같은 말이 있다.

"너무 많이 가서 더 이상 움직이지 못할 때 자기 능력의 반을 발휘한 것이다."

나의 아버지는 그 거리를 가서 스스로 새로운 인생을 창조했다. 나는 아버지 덕분에 꿈을 좇는 데 늦은 법은 없다는 것을 체험으로 알게 되었다.

또 다른 예는 우리 할머니 샤메인이다. 할머니는 오십줄에 이르러 오랫동안 잊고 있었던 어릴 적 꿈을 추구하기 시작하면서 새로운 활기를 되찾았다. 할머니는 어렸을 적에 늘 수집가들의 인형들을 넋을 잃을 만큼 좋아했지만 대가족에 휩쓸려 그런 사치를 부릴 여유가 없었다. 샤메인은 어린 시절의 대부분을 어린 동생들을 보살피는 한편 입이 거친 어머니와 싸우면서 보냈다. 할머니는 사십대 후반에 평생의 연인인 잭을 만나 결혼했고, 잭은 마담 알렉산더 인형 모음을 갖는 것이 할머니 필생의 꿈이라는 것을 알았다.

잭은 자상하고 관대했을 뿐만 아니라 '행복한 어린 시절을 갖는 데 너무 늦은 법이란 없다'는 신념의 소유자였기 때문에, 샤메인에게 한 번에 한 개씩이라도 인형 모으기를 시작하라고 용기를 불어넣어 주었다. 심지어 잭은 그녀와 함께 인형 쇼에 참가하는 데 동의하기까지 했다. 엔지니어였던 잭이 그렇듯 인형에 대해 관심을 보인 것은 순전히 아내에 대한 사랑 그리고 아내가 행복해하는 모습을 보고 싶은 욕망에서 비롯한 것이었다.

여러 해(그리고 수백 개의 인형들을 모은) 뒤에 샤메인은 인형들을 수공 유리 상자 안에 아름답게 넣어서, 잭이 그녀를 위해 사랑스럽게 만든 나무 선반에다가 멋지게 진열할 수 있게 되었다. 샤메인은 인형 하나하나에 이름을 붙여 주고, 시간을 내어 하루에 '한 명씩 방문' 하고 있다. 인형에 대한 그녀의 광범위한 지식과 경험은 어느 인형 수집가에게라도 깊은 인상을 남길 것이다.

할머니는 현재 어렸을 적 가장 깊은 욕망 가운데 하나를 충족시키면서 만족스러운 삶을 영위하고 있다. 샤메인은 웃으며 말했다.

"자기 인생의 사랑을 찾는 데에도 너무 늦은 법이란 없다!"

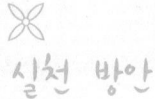
실천 방안

1. 함께 배워라.

외국어나 악기, 춤, 홈 인테리어, 컴퓨터, 테니스, 스키, 조각, 골프, 자동차 구조, 그 밖에 자녀와 함께 즐겁게 배울 만한 새로운 것을 골라 함께 배워보아라. 시간을 비워두고 달력에 표시를 한 다음, 무한한 가치를 지닌 시간을 함께 보내면서 배움의 즐거움을 공유해보아라.

2. 책을 자주 함께 읽어라.

현재 상황이 어떻든 일단 책읽기를 가족사랑 행사로 만들어라. 돈을 절약하고 싶으면 독서 모임에 가입하거나 도서관에서 책을 빌리는 방법도 있다. 고전, 희극, 유머, 시, 소설, 판타지, 역사, 정신 수련 등에서부터 실용서에 이르기까지 모든 것을 읽어라.

3. 더욱 개발할 지능 영역을 선택해라.

앞에서 제안한 두 가지 자가 진단을 한 뒤에 일곱 가지 영역 가운데 더욱 개발하고 싶은 한 가지 영역을 선택하고, 가족 구성원 모두에게도 똑같은 일을 하게 해라. 이를테면 관심 수준은 4 내지 5인데 선천적 재능은 1이나 2인 지능 영역을 선택하는 것이다.

아이들이 보내는 메시지
"중단 없는 배움에 대해"

사랑하는 엄마, 아빠.
두 분이 배움을 대하는 태도는
우리가 배우는 방법에 영향을 미칩니다.

두 분이 배움을 기피할 때
우리는 소극적인 삶의 태도를 배운답니다.
두 분이 새로운 경험에 과감하게 도전할 때
우리는 새로운 일에 도전하는 자세를 배운답니다.

두 분이 꿈을 포기할 때
우리는 체념을 배운답니다.
두 분이 목표를 정하고 달려갈 때
우리는 끈기를 배운답니다.

그러니 부디 배움을 멈추지 마세요.
그리고 꿈을 좇으세요.
우리는 삶을 더욱 풍부하게 할 것이며
평생토록 배움의 열정을 가질 테니까요.

09 자신의 가치를 지켜라

정직하고 진실한 태도를 보여주세요.
가치 있는 삶을 추구하면서.
우리도 부모님의 경험에서 배우며
바르게 자랄 거예요.

양동이에 딸기를 담아 파는 한 젊은이가 이웃집 문을 두드렸다.
"우리 밭에서 막 딴 잘 익은 딸기 좀 사시겠습니까?"
그가 물었다.
"그래요, 좀 살게요. 딸기가 참 맛있어 보이네요."
문을 열고 나온 부인이 말했다.
"내가 양동이를 안으로 가져가서 2킬로그램을 달아 올게요."
젊은이는 현관에서 기다리면서 부인의 개와 놀았다.
"안으로 들어와서 내가 제대로 재는지 보시겠어요? 내가 슬쩍 더 많이 가져갈지도 모르잖아요?"
젊은이가 대답했다.
"아주머니, 걱정하지 마세요. 2킬로그램 이상 가져가시면 저보다 아주머니께서 더 손해를 보게 될 테니까요."

"내가 더 손해를 본다고요?"

부인이 의아해서 물었다.

"그게 무슨 말이죠?"

"그러니까 아주머니가 2킬로그램 이상을 더 달아 올리면 나는 딸기를 조금 더 잃을 뿐이지만 아주머니는 자신을 도둑이자 거짓말쟁이로 만드는 손해를 본다는 얘기지요."

모든 것은
정직함에서 비롯된다

"아름다움은 진실이다. 진실은 아름답다."

_존 키츠

위에 서술한 러시아 이야기가 가르치듯이 정직은 값으로 따질 수 없다. 우리는 성실과 진실에 가치를 크게 두기는 하지만 할 수 있는 한 최대한 정직한 사람은 거의 없다. 목표에 미치지 못했을 때 우리는 자신을 속이며, 진실을 이야기하고 싶지 않을 때에는 거짓말을 한다. 우리는 대립을 피하기 위해 악의 없는 거짓말을 생각해내며 변화를 피하기 위해 평가 요구에 저항한다.

하버드 대학교에서 장기간에 걸쳐 실행된 한 연구에 따르면, 정직은 아이들에게 가르치고 모범을 보여야 할 최고의 가치이면서 절제와 더불어 학교에서 가장 부족한 가치 가운데 하나로 밝혀졌다. 유명 직업 알선 업체가 수행한 조사에서는 고용 회사들이 학벌만큼이나 정직을 높게 평가하는 것으로 나타났다. 강력한 추천장을 갖고 있고 경력이 깨끗한 지원자들은 흔히 학문적 성과가 높은 사람보다 잘 뽑히는 경우가 많았다. 고용주들은 학문적 성과가 교육의 일부에 지나지 않는다는 것을 알고 있기 때문이다. 좋은 성격과 신뢰성도 정직 못지않게 높은 평가를 받는다. 성실하고 솔직한 젊은이는 동료들에게는 솔직함 때문에 존경을 받고 윗사람들에게는 성실성 때문에 찬탄을 받을 것이다.

우리 가족과 친하게 지내는 스물여덟 살 젊은이 다릴은 고등학교 시절의 사건을 생생하게 기억하고 있다. 그 사건 덕분에 다릴은 아버지의 도움으로, 만만치 않은 상황에서도 정직을 선택하는 것이 어떤 결과를 가져오는지 잊지 못할 교훈을 얻었다. 그때 그는 몇몇 친구들과 함께 광란의 주말을 보내기로 하고, 달리 할 일이 많지 않은 금요일 밤에 교외 주택가의 우편함 몇 개를 박살내기로 했다. 다릴은 자기가 갖고 있는 소형 폭죽을 이용하기로 하고 이동 경로에서부터 도주 차량에 이르기까지 전체 계획을 짰다. '건전한 오락을 위해 아주 조금 민폐를 끼친다.' 그들은 그 정도로만 생각했다.

다릴은 친구 셋과 함께 심야의 광란에 나섰다. 그들은 우편함을 다섯 개만 날려버리기로 하고 출발했다. 첫 번째 목표물은 다릴의 옛 여자친구네 집 우편함이었다. 그녀는 다릴이 고등학교 2학년 때 그를 미련 없이 차버리고 잘생긴 다릴의 친구한테 가버렸다.

"애들아, 복수의 순간이다."

다릴은 화약에 불을 붙여 던져 넣고 차를 향해 뛰어오면서 외쳤다. 그들이 거리를 질주하기 시작할 즈음 커다란 폭발 소리가 들려왔다. 그들은 큰 소리로 웃으면서 고개를 돌려 우편함이 산산조각 나서 길바닥에 떨어지는 모습을 보았다.

다음에는 도시 끝부분에 있는 프랭크 씨의 집 우편함이었다. 프랭크는 무표정한 얼굴의 수학 교사인데 모든 학생들이 그에게 좋지 않은 감정을 품고 있었다. 왜냐하면 그가 어렵게 낸 시험 문제에 쩔쩔맸던 몇몇 학생들이 낙제

점수를 받아도 눈곱만큼의 자비심도 보여주지 않았기 때문이었다. 그들의 못된 장난은 보기 좋게 성공했고 그들은 승리의 구호를 외치며 하이파이브를 나눈 뒤에 다음 공격 목표를 향해 어둠 속으로 질주했다.

그들은 차를 몰고 버즈 샌더스의 집으로 갔다. 버즈는 동네 편의점에서 밤에 일하는 스물한 살 먹은 터프한 청년이었다. 버즈는 가끔씩 맥주를 사러 오는 고등학생들에게 신분증을 제시할 것을 요구하고는 아기 용품점은 저 아래에 있다고 놀리곤 했다. 다릴은 화약을 몇 개 더 던지고 버즈의 우편함을 불태웠다.

그런데 소년들이 미처 깨닫지 못한 것이 있었다. 그들이 달아날 때 마침 버즈가 집 뒤쪽에 도착한 것이었다. 소년들로서는 기절초풍할 노릇으로, 갑자기 빨간 스포츠카가 나타나 무서운 속도로 쫓아와 꽁무니에 바짝 붙었다.

"이런 맙소사. 버즈야!"

다릴의 친구 에디가 소리쳤다.

"전속력으로 달려!"

소년들은 그 구닥다리 차로 버즈를 떼어내려고 했지만 아무 소용이 없었다. 버즈는 난폭하게 그들의 차 뒤 범퍼를 들이받으면서 창문 밖으로 욕을 해대기 시작했다.

"그가 우리를 죽이기 전에 차를 세워!"

에디가 절규했다. 그들은 방망이질 치는 가슴을 진정시키며 길옆에 차를 세우고, 마음을 졸이며 차 안에서 기다렸다. 버즈는 운전석 창문 쪽으로 가까이 와서 자기 우편함을 박살낸 녀석들이 어떤 놈들이냐고 물었다. 아무도 나서지 않자 버즈는 어깨에 힘을 잔뜩 준 걸음으로 자기 차로 돌아가더니 권총을 들고 돌아왔다. 그는 술에 취한 것이 분명했고 분노를 자제할 수 없는 상태였다.

"너희들 가운데 한 놈이 자수하는 게 좋을 거다. 안 그러면 네놈들을 몽땅 날려버릴 테니까."

버즈는 소리쳤다. 권총을 쥐고 학생들을 겨누고 있는 팔이 건들거렸다. 다릴은 숨을 깊이 들이쉰 다음 손을 머리 위로 올리고 용감하게 차에서 내렸다.

"내가 한 짓이에요. 다른 아이들은 빼주세요. 내가 했어요. 저 화약은 내 거예요. 아이들은 그저 나를 따라온 것뿐이에요."

다릴은 공포에 질린 나머지 이가 저절로 부딪쳐서 따다닥 소리를 내고, 차에 기대고 있는 동안 무릎이 꺾이려는 것을 간신히 버티고 있었던 당시의 상황을 마치 어제 일처럼 기억하고 있었다. 버즈는 다릴에게 총을 똑바로 겨눈 채 섬뜩한 욕설을 퍼부어댔다.

"미안해요. 화내는 것이 당연해요. 제가 대가를 치르겠어요……. 모든 일은 제 책임이에요."

다릴은 애원하듯 이야기했다.

버즈는 몇 걸음 뒤로 물러서더니 멍한 눈으로 다릴을 쳐다보았다.

"넌 그렇게 말한 덕분에 지옥에서 빠져나온 줄 알아. 이 자식아!"

버즈가 중얼거리면서 말했다.

"왜냐하면 나는 이 빠르고 힘 좋고 멋진 물총으로 너를 날려버리려고 했으니까 말이다!"

버즈는 검은색 장난감 물총을 근처 잔디밭에다 던져버리면서 큰 소리로 말했다.

다릴이 저지른 광란의 대가는 굴욕을 감수해야 했던 수치심으로 그치지 않았다. 다릴은 그 일을 아버지한테 말했고 아버지의 뜻에 따라 우편함을 파괴한 집마다 찾아가서 자신의 철없는 잘못에 대해 사과해야 했다. 물론 파괴한 우편함 값도 지불했다. 다릴은 굴욕의 여정을 마쳤고, 그 여정 내내 그의 아버지는 차 안에서 기다렸다. 다릴은 자신이 입힌 피해를 배상하기 위해 꼬박 1년 동안 신문 배달을 하면서 번 돈을 모두 쏟아부어야 했지만, 같이 움직였던 친구들 가운데 어느 누구도 그를 돕기 위해 단 한 푼도 내놓지 않았다.

이제 다릴은 나이도 먹었고 어느 정도 통찰력도 생겼으므로 그 경험을 자신의 가장 소중한 교훈으로 생각한다.

"나는 목숨이라도 걸 만한 긴박한 상황에서 책임을 져야 한다는 것, 진실을 말해야 한다는 것을 배웠습니다. 덕분에 나는 그 후 내 행동의 결과를 장기간 치열하게 생각하게 되었고 그 결과 더 나은 결정들을 내릴 수 있었다고 확신합니다."

나이가 적든 많은 아이들이 정직과 진실 훈련을 받는 일은 거의 없다. 다릴처럼 성인이 되어 정직한 삶을 살고 있는 사람들은 대부분 가정환경에서 정직을 배운다. 정직하게 생활함으로써 얻을 수 있는 혜택과 보상에 대해 자녀들과 토론해보아라. 이를 위한 참고 자료로서 아래에 정직에 대한 스물한 가지 중요한 진실들을 나열했다.

정직에 대한 스물한 가지 중요한 진실

1. 인생에서 발전하고 전진하기 위해 정직은 반드시 필요하다.
2. 곤경에 빠졌을 때 진실을 말하고 도움을 요청하면 부정의 순환을 끊을 수 있다.
3. 정직해서 겪을 수 있는 어려움을 각오하지 않는 관계는 발전할 수 없다.
4. 겸손하게 자기 잘못을 고백하는 사람들은 그들의 잘못에 개의치 않는 동료들의 용서와 지원 그리고 존경을 얻는다.

5. 변명하는 사람들은 자신의 부정을 강화시키고 다른 사람들과의 거리를 멀게 할 뿐이다.
6. 상대방이 거짓말을 하고 있을 때 대부분의 사람들은 그것을 알아차린다.
7. 진실을 말하지 않는 것은 음흉한 형태의 속임수가 될 수 있다.
8. 너무 쌀쌀맞다거나 너무 까발리는 등 생각 없이 지나치게 솔직한 것이 문제가 될 수도 있다.
9. 정직한 사람들은 거짓말의 흔적을 간직해야 할 필요가 없기 때문에 스트레스를 덜 받는다.
10. 나쁜 영향을 미칠 것이 분명한 상황에서 진실을 말하지 않는 것은 치명적인 형태의 속임수이다.
11. 친절이 담기지 않은 정직은 가혹할 수 있으며 흔히 방어와 움츠림을 초래한다.
12. 정직이 담기지 않은 친절은 사탕발림의 성실이며 흔히 신뢰를 얻지 못한다.
13. 친절이 담긴 정직은 가장 효과적이며 일반적으로 빨리 받아들여진다.
14. 부정직한 사람은 자신에게는 물론 다른 누구에게도 진실한 친구가 될 수 없다.
15. 자기 말에 대해 자신이나 타인에게 책임지지 않는 것은 일종의 자기기만이다.
16. 누군가를 보호하기 위해 진실을 말하지 않는 것은 일반적으로 사람을 기쁘게 하는 것처럼 보이지만 사실은 그렇지 않다.
17. 단지 누군가가 요구한다고 해서 모든 것을 말해야 할 필요는 없다. 사람에게는 자기가 판단하여 필요할 때 거절할 권리가 있다.
18. 모든 것 가운데 가장 깊은 속임수는 의식적 자각 없이 삶을 영위하는

것이다.

19. 평가에 마음을 열지 않는 사람들은 자기기만 속에서 살 수밖에 없다.
20. 진실에 귀를 기울이는 것은 불편할 수 있다. 하지만 진실에 귀를 기울이지 않는 것은 치명적일 수 있다.
21. 진실을 안다는 것은 자신을 해방시키는 것이다. 비록 그것이 처음에는 자신을 불행하게 만들지라도!

정직에 대한 자기 테스트

아래 문장은 정직하고 믿을 만한 사람의 특성을 나타낸다. 자신을 정확하게 반영하고 있는 문장 하나마다 1점을 부여해라.

1. 자신을 속이거나 부정할 때 그것이 인식되고 그에 대해 진실을 이야기한다.
2. 자신의 장점과 마찬가지로 단점에 대해서도 잘 파악하고 인정할 수 있다.
3. 자신의 가장 깊은 생각, 공포, 욕망을 알고 있는 친구가 최소한 한 명 있다.
4. 자신의 가장 깊은 생각, 공포, 욕망을 알고 있는 스승이 최소한 한 명 있다.
5. 잘못을 저질렀을 때 핑계를 대거나 변명하지 않고 기꺼이 인정한다.
6. 진실을 말하지 않음으로써 해로운 상황이 발생한다면 위험하더라도 진실을 이야기한다.
7. 자신의 것이 아닌 가치 있는 것을 발견한다면 주머니에 넣지 않고 주인을 찾는다.

8. 돈을 쓰는 방식이 정직하며 자신의 금전 출납 기록이 정확하다.

9. 업무상 거래에서 공정하고 정직하며 모든 것을 원칙대로 처리한다.

10. 믿을 만한 친구들에게 고민을 개방적으로 말할 수 있다.

11. 원칙을 지키기 위해 손해나 거절을 기꺼이 감수한다.

12. 후회하거나 부끄럽게 생각하는 것이라도 믿고 존경하는 사람에게 줄곧 털어놓았다.

13. 자신의 뒷덜미를 잡고 있는 비밀들(내 것이든 다른 사람의 것이든)을 숨기지 않는다.

14. 정직 및 진실을 말하는 것은 의미 있는 인간관계에서 자신의 특징으로 통한다.

15. 잘못이 책망을 받지 않고 교묘하게 넘어갈 수 있다고 하더라도 자기 양심에 따라 정직한 태도를 취한다.

16. 자신을 있는 그대로 내보인다. 자신이 아닌 누군가 다른 사람인 척하지 않는다.

채점

· 1부터 4 : 낮은 수준의 정직성.

· 5부터 8 : 중간 수준의 정직성.

· 9부터 12 : 높은 수준의 정직성.

· 13부터 16 : 뛰어난 수준의 정직성.

자신의 최고 가치를 지켜라

"자녀들에게 신에 대해서 보여주는 것은
그들에게 신에 대해 이야기하는 것만큼 중요하다."
_ 웨인 도식

39세의 아프리카계 미국인 사업가인 로이는 어렸을 적에 너그러움이 모든 것 가운데 가장 큰 덕목임을 배웠다. 그가 알고 있는 모든 사람들 가운데 가장 너그러운 그의 할아버지, 할머니는 그가 네 살 때부터 그를 키웠다. 비록 그들은 물질적인 측면에서 많은 것을 소유하지는 않았지만, 할 수 있을 때에는 언제나 다른 사람에게 도움의 손길을 뻗쳐 그들이 가진 모든 것들을 후하게 나누어주었다.

그들은 일요일이면 교회에 갔다 온 뒤에 동네 사람들을 집으로 초대해 같이 점심을 먹곤 했다. 휴일마다 그들의 집은 가족과 친구들과 아무데도 갈 데가 없는 사람들로 북적거리곤 했다.

"두 분은 병적이다 싶을 정도로 베풀었습니다."

로이가 그 시절을 회고했다.

"나는 할머니가 어떤 아주머니에게, 우리 집에서 빌려간 진공청소기를 계속 갖고 쓰라고 말했던 것을 기억하고 있습니다. 그렇게 하면 우리 집에서는 당분간 진공청소기를 쓸 수 없는데도 말입니다."

"먼지는 앞으로도 늘 먼지로 남을 게야. 하지만 후한 인심은 절대로 녹슬지 않는 법이란다."

할머니는 빗자루로 카펫을 쓸다가 어깨를 으쓱하면서 말하곤 했다.

이웃 사람인 매코이 노인이 고관절 골절로 누워 있을 때 로이네 가족은 수개월 동안 밥을 해주고 그의 일을 돌봐주었다. 로이의 할아버지는 말했다.

"우리는 그에게 여러 번 신세를 졌단다. 그리고 이 세상에서 혼자 살 수는 없는 거야."

로이는 자라서 뛰어난 사업가가 되었으며, 서른다섯의 나이에 인터넷 관련 벤처 업체에서 큰 성공을 거두었다. 그의 초기 이윤은 100만 달러를 넘었으며 사업은 성장 가도를 달리고 있었다. 로이는 비용을 제외한 첫 해의 이익으로 무엇을 해야 할지 고민을 거듭했다. 그는 열심히 일한 자신에 대한 보상으로 몇 가지 새로운 장난감 장치들을 살까 생각해보았지만 필요한 것들은 이미 갖추고 있었다. 그는 부동산을 구입하는 문제도 고민해보았지만, 이미 집을 소유하고 있었을 뿐만 아니라 집에 머무는 시간이 그리 많지 않은 독신 남자에게는 그 정도 집만으로도 충분하다는 것을 마음속 깊이 알고 있었다.

로이는 그해 연말에 조용한 곳에 가서 자신의 가장 깊은 가치들을 검토해 보았다. 그가 삼나무 숲 속을 산책하다가 문득 떠올린 것은 이전에 생각해보지도 못한 것이었다. 그는 어느덧 할아버지가 한 잊을 수 없는 말을 떠올리고 있었다.

"이 세상에서 혼자 살 수는 없는 거야."

로이는 지금의 자리까지 오는 데 도움을 주었던 친구들, 선배들, 선생님들을 생각했다. 그리고 그들에 대한 사랑이 없다면 지금의 부가 얼마나 허망하고 무의미한지를 깨달았다.

그는 할아버지, 할머니가 보여주었던 후한 인심 그리고 조촐한 모임을 하면서 느꼈던 즐거움을 떠올리다가 문득 무엇을 해야 하는지 알게 되었다. 그는 자신의 성공에 큰 공헌을 한 사람들의 명단을 작성하기 시작했다. 그의 명단 속에는 고등학교 영어 선생님과 형제들, 몇몇 동창생들, 수많은 사업상의 동료 및 선배들, 심지어 형편이 어려웠을 때 돈을 빌려줘서 계속 학교에 다닐 수 있도록 도와준 대학교 선배에 이르기까지 많은 사람들이 들어 있었다. 그의 명단이 20여 명에 이르렀을 때 한 가지 계획이 그의 머리에 떠올랐다.

그는 명단에 있는 모든 사람들에게 "인정認定 만찬을 주최하니 부디 오셔서 자리를 빛내주시기 바랍니다."라는 정중한 초대장을 보냈다. 명단에 있는 몇몇 사람들은 이미 고인이 되었기 때문에 그는 그들을 기리는 의미에서 가장 가까운 유족들에게 초대장을 보냈다.

행사장에서 로이는 무척 기뻐하면서 친한 친구들 및 손님들에게 그날이 일생에서 가장 행복한 날이라고 말했다. 그들이 맛있는 식사를 즐기는 동안 로이는 한 사람 한 사람 앞으로 불러서 자신의 성공에 미친 그들의 공로를 이야기하고 고마움을 표시했다. 로이의 가족과 친구들은 로이의 성공에 자기가 일정 정도 역할을 했다는 사실을 알고 눈물을 흘리는 한편 진심으로 기뻐했다. 마지막 사람에게 고마움을 표했을 때쯤 맛있는 디저트가 나왔으며 20여 명의 고귀한 손님들은 봉인된 금색 봉투를 하나씩 받았다.

이윽고 로이가 말을 시작하자 손님들의 눈은 모두 로이를 향했다.

"제 할아버지, 할머니는 제가 알고 있는 사람들 가운데 가장 너그러운 분들이었습니다. 두 분은 제게 아무도, 단 한 사람도 다른 사람들의 지원과 배려 없이는 성공할 수 없다는 것을 아주 잘 가르쳐주셨습니다. 그러니 누구도 혼자 성공할 수는 없기 때문에 누구도 이익을 독식해서는 안 됩니다. 저는 제 첫 번째 100만 달러 이익을 가장 자격이 있는 사람들, 즉 대가를 생각하지 않고 제 인생에 넉넉하게 기여한 여러분들과 나누는 것이 옳다고 생각합니다."

어안이 벙벙해진 손님들이 각각 봉투를 열었을 때 일순간 충격에 의한 침묵이 흘렀다. 그러다가 수군거리는 소리가 나더니 곧 환호성이 울려 퍼졌다.

봉투 안에는 5만 달러짜리 수표가 들어 있었다.

오늘날 로이는 성공한 벤처 기업을 다수 맡고 있는 유망한 자선가이다. 그에게, 그리고 그의 많은 동료들에게, 베풂은 삶의 한 방법이다. 그날 저녁 그 자리에 참석했던 사람들은 로이의 후덕한 태도 그리고 자기 재산을 다른 사람들에게 나누어주면서 그가 느꼈던 무한한 행복감을 절대로 잊지 못할 것이다.

바르게 생활해라

"무엇보다도 네 자신에게 진실해라."
_ 윌리엄 셰익스피어

바름은 이론이나 철학이 아니다. 바름은 사상이나 개념이 아니다. 바름은 완벽하고 순수한 상태이다. 바름은 가치관이나 원칙의 규범에 충실하다. 바름은 선택이며 존재의 방식이다. 바름은 흉내 낼 수 없는 것이며, 스카이다이빙을 한 부분만 할 수 없는 것처럼, 반쯤만 바를 수도 없다. 바른 생활을 하는 사람은 스스로 모범이 되어 많은 것을 가르친다.

은행 투자자 헥터는 아홉 살 때 평생 잊지 못할 교훈을 배운 사실을 지금도 기억하고 있다.

내가 바름에 대해서 아주 일찍이 배웠던 교훈 가운데 하나는 아버지의 빛나는 본보기를 통해서였습니다. 아버지 카를로스는 적은 수입으로 일곱이나 되는 가족을 부양하는 근면한 사람이었습니다. 아버지는 20년 넘게 로스앤젤레스 카운티 곳곳에 있는 가게와 회사에 소포와 상품을 배달했죠.

자식들이 학교에 가지 않는 날이면 아버지는 우리들 가운데 두세 명을 데리고 배달을 나서곤 했습니다. 그러면 어머니는 집에서 일을 더 많이 할 수 있었으니까요. 우린 우리대로 평소보다 많은 시간 동안 아버지와 함께 보낼 수 있었습니다. 그날의 일은 지금도 잊을 수가 없습니다. 아버지가 비벌리힐스에 있는 멋진 가게에 물건을 배달하기 위해 차를 세웠을 때, 여동생 레티시아가 배달 트럭 몇 미터 앞에서 빛을 내며 반짝이는 것을 발견했습니다.

"저게 뭐지?"

레티시아가 높은 톤으로 말할 때 우리는 벌써 트럭에서 뛰어내려, 빛나는 보물일지도 모르는 그것을 향해 달려갔죠.

그것은 색색의 여러 장식물들이 달려 있는 팔찌였습니다.

"에이, 이건 여자애들이 쓰는 거잖아."

내가 실망해서 말했죠. 나는 야구 카드와 성냥갑 자동차에 더 관심이 있었기 때문에 내가 먼저 잡았는데도 그 팔찌를 여동생에게 주었습니다. 내가 팔찌를 건네주자 여동생은 기쁜 나머지 비명을 질러댔죠.

그때 "너희들, 그게 뭐니?" 하며 아버지가 물었습니다. 아버지는 그 팔찌를 살펴보더니 중얼거렸어요.

"무척 화려한 팔찌구나. 틀림없이 엘비라의 지갑에서 떨어진 걸 거야!"

그러자 여동생은 무시무시한 할로윈 캐릭터인 그 엘비라 흉내를 냈고 우리는 모두 크게 웃었습니다.

레티시아가 팔찌를 꼈으나 계속 팔에서 흘러내렸습니다.

"저런, 너한테 너무 크구나."

아버지는 팔찌를 잠시 보시더니 말했습니다.

"시저 아저씨네 가게로 가서 너한테 맞게 고쳐달라고 부탁하자."

아버지의 친구가 근처 보석 가게에서 일하고 있었거든요. 시저 아저씨는 팔찌를 보더니 특별한 안경을 쓰고 꼼꼼히 살펴보았습니다. 꽤 긴 듯한 시간이 흐른 뒤에 그는 휘파람을 크게 불고 나서 아버지에게 말했어요.

"야, 카를로스. 횡재를 했으니 이제 배달일 따위는 때려치우고 싶겠는걸! 이 팔찌는 백금으로 만들어졌어. 그리고 이 정교한 보석들은 진짜야. 다이아몬드로 장식된 에메랄드, 루비, 사파이어!"

"무슨 농담을……, 농담이지?"

아버지는 그의 말을 믿지 않고 말했습니다.

"꼭 장난감 자판기에서 나온 것처럼 생겼구먼. 정말 그것들이 진짜야?"

아버지는 의심스럽다는 눈초리로 물었죠.

"만약 이것이 자판기에서 나왔다면 말이야, 카를로스. 그 자판기는 아마 순금으로 만들어졌을 거야."

시저 아저씨가 재미있다는 표정으로 대꾸했습니다. 아저씨는 그 팔찌의 가치가 어느 정도인지를 숫자로 써서 아버지에게 보여주었습니다.

"이런 맙소사. 이건 내가 1년 동안 꼬박 일해도 못 버는 돈이잖아!"

아버지는 얼굴색이 하얗게 변하면서 말했습니다. 아버지는 그 값이 얼마인지 우리에게 말해주지 않았지만 우리는 그 액수가 분명히 엄청나다는 것을 알고 있었습니다. 왜냐하면 아버지가 이마를 훔치기 시작했는데, 그것은 아버지가 몹시 긴장했을 때에만 하는 행동이었기 때문이죠.

"아빠! 그 팔찌 다시 제게 돌려주시면 안 돼요?"

레티시아가 애원하는 투로 말했습니다. 아버지는 모자를 벗고 머리를 긁었습니다.

"아빠, 그건 그냥 땅에 떨어져 있던 거잖아요."

"미안하지만 아가야."

아버지가 레티시아를 쳐다보면서 말했습니다.

"이 팔찌는 주인이 따로 있는 거야. 이것을 잃어버린 사람은 지금 애타게 찾고 있을 거야."

그때 내가 아버지의 말에 반대하며 끼어들었습니다.

"하지만 아빠. 우리는 그것을 팔아야 해요! 그 돈으로 수영장, 집 또는 새로운 차를 장만할 수 있어요."

"그만, 헥터. 그 돈으로 그런 것들을 장만할 수는 없다. 또 그렇게 할 수 있다고 하더라도 그건 우리 것이 아니야. 지금 이 순간에도 누군가는 이 팔찌를 찾기 위해 사방팔방 돌아다니고 있을 거야."

아버지는 시저 아저씨의 가게에서 레티시아가 고른 특별한 보석 상자를 사주는 것으로 동생을 달랬고 우리는 모두 집으로 향했습니다. 트럭을 타고 집으로 돌아오는 내내 나는 우울했고 아버지의 판단을 이해할 수 없었습니다.

"아빠, 이 팔찌의 원래 주인은 정말 부자라서 또 하나를 살 수 있을 거예요. 우리는 그 돈을 훨씬 알차게 쓸 수 있어요. 그리고 우리가 그걸 발견했잖아요. '주운 사람은 갖고 잃은 사람은 운다'는 말도 있잖아요."

나는 아버지를 설득하려고 간절하게 말했습니다.

"그것은 옳지 않아, 헥터."

아버지가 고개를 저으면서 말했습니다.

"주인을 찾는 것이 지금 당장 할 일이야."

아버지는 목소리에 더욱 힘을 주어 말했죠.

"네 것이 아닌 돈을 갖는 것은 올바른 행동이 아니야. 그리고 더러운 돈은 영혼을 더럽히는 법이다."

나는 아버지의 말에 대꾸할 말이 없었지만 아버지의 1년치 월급을 쓸 수 있는 모든 방법에 대한 상상을 멈출 수 없었습니다.

우리가 집에 도착했을 때 어머니는 그 팔찌를 보자마자 진짜라는 것을 알아차렸습니다. 어머니는 주인이 나타날 때까지 우리가 안전하게 보관하자고 했죠. 아버지는 그 가게 근처에다 광고문을 몇 장 붙였습니다. 24시간도 지나지 않아 중년을 넘긴 한 부인이 찾아왔습니다. 그 부인은 그 팔찌의 합법적인 주인임을 증명하는 문서들을 가지고 와서 덜덜덜 떨더니 아버지를 꼭 안았습니다.

"여러분께 뭐라 고마운 마음을 표현해야 할지 모르겠습니다."

그녀는 계속 눈물을 흘리면서 말했습니다.

"선생님께서 돌려주신 이 팔찌는 우리 집 가보랍니다. 팔찌를 감정해 보려고 가지고 나온 건데……. 제가 손놀림이 야무지지 못하고 이제 눈도 좋지 않습니다. 틀림없이 지갑에서 팔찌를 떨어뜨렸을 텐데 미처 알아차리지 못한 것 같아요."

그 부인은 부끄러워하면서 말을 이었습니다.

"제 증조할머니께서 이 팔찌를 제게 물려주셨죠. 이것은 몇 년 동안 은행의 대여금고에 보관되어 있었답니다. 제 남편이 한동안 몹시 앓았는데 보험금만으로는 더 이상 치료비를 감당할 수 없게 되었죠. 이 보물이 제 남편의 생명을 유지시켜주는 물건이 될 수도 있답니다."

그녀는 희망 섞인 표정으로 말했습니다.

아버지는 내게 눈길을 돌렸지만 나는 아버지와 눈을 마주칠 수 없었습니다. 너무도 부끄러웠죠. 아무튼 좋은 사마리아 사람이 되겠다는 아버지의 선택으로, 절실하게 치료를 필요로 하는 한 남자가 치료받을 수 있게 되었습니다. 아버지의 선택은 우리 가족에게도 상당한 효과를 발휘했습니다. 무언가를 결정할 때 아버지는 자신이 옳다고 느끼는 것을 했습니다. 욕심을 부리지 않고 자기 가치를 지키기로 한 거죠. 그런 점에서 아버지는 우리에게 영웅이었습니다.

아버지의 노력에는 보답이 따랐습니다. 얼마 뒤 그 부인은 이젠 치료를 받아서 훨씬 좋아진 남편과 함께 인사하러 우리 집에 왔죠. 그들은 아버지에게 고맙다는 표시로 1만 달러짜리 수표를 선물했답니다. 아버지는 계속 거절했으나 그 부인이 우리 집 구석에 있는 어머니의 낡은 재봉틀을 본 뒤에는 아버지도 더 버틸 수 없었습니다. 우리 어머니가 가계에 조금이라도 보탬이 되고자 옷을 만들고 있다는 것을 안 그 부인이 그 돈으로 새 재봉틀과 집에서 필요한 물건들을 사라고 한사코 권했기 때문이죠.

우리 부모님은 결국 그 돈을 받았습니다. 그 돈으로 어머니는 새 재봉틀을 샀고 아버지는 트럭을 고치는 데 필요한 장비를 몇 가지 샀으며, 우리 가족은 생애 처음으로 여름 바캉스를 떠났습니다! 그리고 아버지와 어머니는 그 돈의 일부를 투자하여 5년 뒤에 아담한 집을 사서 첫 번째 할부금을 충분히 낼 수 있는 돈을 모았죠.

오늘날 우리 아버지는 부자는 아니지만 내가 알고 있는 사람들 가운데 가장 부유한 사람이랍니다. 아버지가 썼던 한 푼 한 푼의 돈은 깨끗했고 그의 바름은 바로 순금이었죠.

정기적으로
바름을 점검해라

> "나는 밖에 있는 어떤 한 사람보다 나을 것이 없다.
> 하지만 한 가지만은 분명하게 안다.
> 지금의 나는 전의 나보다 낫다는 것이다."
> _ 웨인 다이어

우리는 자동차를 관리하면서, 엔진을 깨끗하게 유지하고 최적의 작동 상태에 두기 위해 정기적으로 오일을 교환한다. 우리는 먼지나 세균을 없애기 위해 정기적으로 집을 청소하며, 중요한 문서들은 제대로 정리하여 잘 배열해놓는다. 하지만 우리가 바르게 생활하고 있는지 스스로 점검할 때에는 제대로 판단을 내리지 못하는 경우가 많다. 우리는 오일을 가는 것보다 약속 지키는 데 더 높은 가치를 부여할지 모르지만, 자기 자신의 바름 정도를 정기적으로 점검할 가능성은 그리 높지 않다.

우리의 일상생활에서 바름을 발휘하는 영역은 세 군데이다. 그것은 우리들 자신, 다른 사람 그리고 우리의 가치와 관련된 영역이다. 아래의 질문들을 수시로 점검하거나 자신에게 질문해보자. 그렇게 함으로써 우리는 더욱 바르게 생활하고 자식들에게 뛰어난 본보기가 될 수 있다.

1. 나는 내 말을 자신에게 지키고 있는가?
2. 나는 다른 사람들과의 약속을 지키고 있는가?
3. 나는 나의 가장 높은 가치에 진실한가?

바름 점검하기

자기 인생에서 가장 의미 있는 영역을 알아보고 자신의 바름 수준을 점검해보아라. 아래 영역에서 자신이 약속을 지키지 않았다거나 자신의 가치에 진실하지 않았다면 그 모든 형태를 나열해보아라.

- 자신
- 가족
- 친구들
- 애정 관계
- 공동체
- 직장
- 건강 관리와 건강 상태
- 놀이와 여가
- 정신

바름을 더 유지할 수 없었던 영역에 매진해라. 바름을 회복하기 위해 진실을 말하고, 사과하고, 계획을 세우고, 수정하고, 누군가를 놀라게 하고, 인정을 하고, 그 밖에 필요한 것은 무엇이든 해라. 대략 석 달마다 바름을 점검해라.

인생의 가장 가치 있는
교훈들을 공유해라

"내가 지금까지 배웠던 가장 위대한 교훈은
신념, 자유, 가족이야말로 우리가 받은 가장 큰 선물
세 가지라는 것이다."

_ 마리 피츠패트릭

인류가 공유하고 있는 가장 큰 불가사의는 자기반성 능력이다. 뛰어난 지능을 이용하여 우리는 삶에 대해서, 즉 무엇을 하고 있으며 무엇을 하지 않고 있는지, 가장 의미 있다고 생각하는 가치가 무엇인지 되돌아볼 수 있다.

이 단순한 인식이 일단 이루어지면, 우리는 인생에서 가장 중요한 교훈이 무엇인지 이해할 수 있고 그것을 다른 사람에게 전달할 수 있다. 우리가 이 기초적인 법칙을 이해하고 지키기 시작할 때 우리는 인생의 블루마블 게임에서 '패스, 고를 해서 200달러를 모으기' 위해 필요한 것을 획득하게 된다.

우리가 그 지점에 도달할 때까지는 삶이 곧잘 투쟁이 되며 구태의 비효율적인 패턴을 똑같이 반복한다. 우리들 대부분은 신념, 낙천주의, 자기관리, 목표 설정과 달성, 윤리, 스트레스 관리, 끈기, 성실, 대인관계, 인생 관리 등의 가장 중요한 주제들에 대해서 체계적인 교육을 받지 않는다. 우리들 대부분은 우리에게 영향을 주는 수만 가지 중에서 아는 것들만 생각나는 대로 선택한다. 그리고 대단히 운이 좋은 극소수만이, 자기가 터득한 가장 위대한 교훈을 기꺼이 가르쳐주려는 스승으로부터 가르침을 받는다.

나의 어머니는 교사이자 작가로서 일생 동안 인생의 교훈을 연구하고 전파했다. 나는 수년 동안 어머니의 강연회에 참석했고, 어머니가 쓴 책이나 기고문들을 읽었다. 하지만 나에게 가장 큰 영향을 미친 것은 인생의 교훈에 대해 어머니와 수년에 걸쳐 나누었던 솔직한 대화였다.

　어머니는 자신의 가장 큰 성취, 가장 쓰라린 잘못 그리고 그것들로부터 얻은 교훈을 이야기해주었다. 어머니는 자기 약점을 인정할 만큼 솔직했고 자신만의 장점을 가질 만큼 대담했다. 어머니는 가까운 사람들에게 자신의 됨됨이를 평가해달라고 부탁했다. 우리가 어떤 종류든 시련을 겪고 있을 때, 어머니는 무엇보다 먼저 "우리가 이것으로부터 무엇을 배울 수 있을까?"라고 말했다. 우리가 무엇인가에 성공했을 때, 성공에 이르기까지의 단계들을 축하해주는 첫 번째 사람도 어머니였다. 정직하고 자신의 인생 교훈을 적극적으로 가르쳐준 어머니의 태도는 나에게 큰 영향을 미쳤고, 내가 생각하기에 그것이 바로 아이들이 부모로부터 더 많이 배우기를 가장 원하는 것이다.

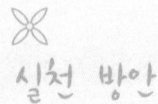
실천 방안

1. 친절하게 진실을 말해라.

이야기 상대 누구에게나 친절하게 진실을 말해보아라. 서두르지 말고 말투에 신경 쓰면서 단어 선택에 신중해라. 친절이 곁들여진 정직은 상대방이 잘 받아들일 수 있게 하지만, 친절이 수반되지 않은 정직은 거부감을 불러일으킬 수 있음을 명심해야 한다. 이 단순하고 정직한 접근 방법이 가져다주는 인간관계의 향상은 놀랄 정도이다.

2. 바름 점검을 실시해라.

앞의 바름 점검에서 나열된 아홉 가지 영역을 점검하고 불안정한 영역에 매진해라. 진실을 말하고, 사과하고, 계획을 세우고, 수정하고, 인정하고, 그 밖에 바름을 회복하는 데 필요한 것은 무엇이든 해라.

3. 자기 정직성 테스트를 해보아라.

시간을 두고 자신에게 완벽하게 정직해보고, 앞에 나온 정직에 대한 자기 테스트를 해보아라. 점수를 받지 못했던 영역에서 정직성 수준을 향상시키도록 노력해라.

4. 자신의 가장 깊은 가치와 가장 위대한 인생 교훈을 공유해라.

가장 의미 있다고 생각하는 가치에 대해 자주 이야기해주고 그것들이 의미 있는 까닭을 자식들에게 이야기해주어라. 지금까지 배운 가장 중요한 인생 교훈에 대해 생각해보고 그것을 자식들에게 알려주어라. 자손에게 물려줄 가장 의미 있는 선물은 평생에 걸쳐 깨달은 귀중한 통찰력과 값으로 따질 수 없는 교훈들일 것이다.

아이들이 보내는 메시지
"가치와 바름에 대해"

사랑하는 엄마, 아빠.
두 분이 살아가면서 지키는 원칙들은
우리가 배울 기준입니다.

두 분이 부정직하거나 탐욕스럽게 행동할 때
우리는 사기를 배운답니다.
두 분이 공평하고 진실에 따른 행동을 할 때
우리는 정직을 배운답니다.

두 분이 자신의 가치를 지키지 못할 때
우리는 신조의 보잘것없음을 배운답니다.
두 분이 가치를 지키며 생활할 때
우리는 지조를 배운답니다.

그러니 부디 신뢰할 만한 선택을 하세요.
그리고 자신의 삶에 책임을 지세요.
우리는 바르게 살아가는 법을 배울 것입니다.
그리고 굳은 신조를 가질 것이랍니다.

10 이로운 사람이 되어라

도움 되는 사람이 되라고 가르쳐주세요,
다른 사람과의 차이를 존중하면서.
우리는 관용의 정신을 배우며
세상 모두를 껴안을 거예요.

너그러운 마음을 가족들과 나눌 때, 인생을 바꾸는 경험으로 이어질 수 있다. 자기 생활 방식에서 벗어나 온갖 사람들의 생활 방식을 존중하는 법을 배운 아이는 말할 수 없을 만큼 마음이 풍부해진다. 시각이 바뀌고, 다른 문화와 인종에 대한 선입관이 바뀌어 이해와 우호의 관계를 갖게 된다. 가족 전체가 이롭게 되기 위해 시간을 낸다면 다가올 수세대 동안 내려갈 사랑의 전설이 만들어질 수 있다.

50세의 테리는 가족과 함께 여러 가지 선행을 한 어렸을 적의 즐거운 기억을 많이 간직하고 있다. 그녀의 어머니는 학교 서무직원이었고 아버지는 고등학교 교사였는데, 그들은 네 자녀를 키우기에 돈이 많은 것은 아니었지만 늘 주변 사람들의 생활을 더 낫게 하는 데 시간과 자원을 보탰다. 테리의 어머니는 자기 가족의 봉사 계획을 '천사 모험'이라고 불렀으며, 이를 위해 한 달에 하루 정도 시간을 냈다. 대부분 그 일들은 여섯 가족이 하기에는 벅찼지만, 아이들의 입장에서 엄마, 아빠와 함께 과감하게 나서는 것은 모험이었지 두려운 활동이 아니었다. 테리의 부모는 이동 중에 게임을 하여 그 활동을 즐거운 것으로 만들었고, 가족은 적절할 때에 활동 내용들을 사진 찍거나 비디오 촬영을 했다.

휴일에는 늘 가족이 할 봉사 활동 한두 가지가 있었다. 추수감사절 아침에는 동네 무료 급식소에서 아침 일찍 당번을 맡아 음식을 준비하여 굶주린 사람들에게 맛있는 휴일 식사를 제공하곤 했다. 크리스마스 때, 테리와 그녀의 자매들은 책과 장난감과 장신구와 옷가지들 가운데 몇 번 쓰지도 않은 멀쩡한 것들을 골라 몇 상자씩 채워 근처 구호소에 가져다주곤 했다. 휴일에는 늘 더 많은 여자들과 어린이들이 구호소에 있었기 때문이다. 테리 가족이 좋아하는 활동 가운데 하나는 영리한 개 멜빈을 개 요정처럼 꾸미고 동네 병원이나 양로원에 데리고 가서 명절 노래를 부르는 것이었다.

여름에 그들은 자주 외국으로 1, 2주일 동안 여행을 떠나기도 했다. 이를테면 테리의 아버지가 심정적 지지를 꽤 보내고 있는 그린피스에 자원봉사하기 위해 남아메리카로 여행하는 것 등이었다. 그녀의 어머니는 특히 '메이크어위시 재단 Make a Wish Foundation'에 관여하는 것을 좋아했다. 그들은 오랫동안 기다려왔던 꿈이 이루어지도록 도우면서 어린 환자들의 눈이 반짝반짝 빛나는 것을 기쁜 마음으로 지켜보았다. 그들은 공항에서 어떤 가족을 마중한다거나 행사 때 어린이의 휠체어를 밀어준다거나 하는 등 작지만 의미 있는 방법으로 늘 도움을 주었다.

어렸을 적에 테리는 세상의 모든 가족들이 이런 종류의 봉사 활동을 하는 줄 알았다. 테리가 그런 사회의식이 있는 가정에서 성장한 것이 얼마나 큰 축복이었는지 깨달은 것은 어른이 되고 나서였다. 테리는 많은 사람들이 나이를 꽤 먹을 때까지 배우지 못하는 것을 어린 나이에 배웠다. 그것은 바로 어려운 사람들에게 선행을 베풀면 큰 충족감을 얻는다는 사실이었다.

"어려움에 처한 사람에게 친절하게 한다는 것 말고는 아무 이유 없이 마음에서 우러나오는 대로 너그럽게 베풀기만 하는데도 엄청난 보람이 느껴진답니다."

테리가 눈을 반짝이며 말했다.

"그것은 또한 전염성도 있답니다. 다른 사람의 인생에 영향을 미칠 정도죠. 다른 사람을 돕는 정도에 따라 마음에 차오르는 기쁨의 정도도 커지는 것 같아요. 우리가 다른 사람을 도울 때에는 언제나 그런 좋은 감정을 지니고 집으로 돌아왔습니다. 우리는 어느덧 서로에게 좋은 일을 더 많이 하고 있었고, 노인이 버스를 타고 내릴 때 도와준다거나 상점에 이웃 사람들을 태워다준다거나 환자가 있는 이웃집 앞의 눈을 치워준다거나 하는 등 동네에서 거의 본능적으로 다른 사람을 돕는 일을 더욱 자주 하게 되었습니다."

그녀의 가족은 지금까지 친하게 지내고 있으며 놀라운 추억들을 많이 공유하고 있다. 테리는 이렇게 회상했다.

"우리는 스스로 베풀면서, 활기 이상의 어떤 것을 공유했습니다. '지상의 천사'가 된다는 것은 내가 지금까지 배웠던 것 중에서 그리고 다른 사람에게 베풀었던 것 중에서 가장 가치 있는 일 가운데 하나였습니다."

―

보람된 일을 선택하여
변화를 모색해라

"부딪쳐본다고 해서 모든 것이 변하는 것은 아니지만
부딪쳐보기 전까지는 아무것도 변할 수 없다."

_ 제임스 볼드윈

나이 마흔인 레슬리는 원치 않은 이혼을 겪으면서 깊은 우울증에 빠져 하루하루를 보내고 있었다. 열 살배기 아들을 돌보는 것조차 매우 어려워했다. 매주 그녀는 무기력한 상실감을 극복하려고 노력했으나 그다지 성공적이지 못했다. 그러다가 우연히 텔레비전에서 '사랑의 집짓기 운동 Habitat for Humanity'이라는 특별 프로그램을 보게 되었다. 그 후 그녀는 이상하게 마음이 불타오르는 것을 느꼈고, 어두운 안개로부터 자신을 건져 올리기 위해서라도 세상을 위해 무엇인가 해야겠다고 결심했다.

그녀는 업계에서 주목받을 만큼 자기 분야에서는 뛰어났으므로, 브라질 오지에 사랑의 집짓기 운동 역사상 어느 누가 했던 것보다도 많은 집을 한 번에 짓겠다는 목표를 세우고 기업들로부터 기부금을 모으기 시작했다. 그 일을 위한 그녀의 천부적인 열정은 예상보다 많은 투자를 불러왔고, 이어진 크리스마스 시즌 동안 레슬리는 아들과 친구, 동료들과 같이 기록적인 숫자의 집을 지을 수 있었다. 레슬리는 그 일이 일생에서 가장 의미 있는 방향 전환이었다고 느끼고 있으며, 그렇게 스스로 다시 일어설 수 있었던 것은 누군가에게 도움을 주겠다고 마음먹은 덕분이라고 느끼고 있다.

올해 스물두 살인 로지타와 그녀의 열네 살짜리 동생 콘셉시온은 희귀 암으로 엄마를 잃었을 때 하늘이 무너지는 듯한 슬픔을 맛보았다. 아버지는 이미 몇 년 전에 돌아가신 터라 그들은 이 세상에 완전히 홀로 남겨진 느낌이었다. 그들은 여성의 권익 향상을 위한 활동에 적극적으로 참여했다가 이제는 죽음을 앞둔 어머니에게, 앞으로 여성 권익을 위한 활동도 열심히 하고 삶에서 어떠한 체념도 하지 않겠다고 약속했다. 그들은 얼마 지나지 않아 방글라데시에서 중요한 임무를 띠고 온 한 여인을 알게 되었다. 그녀의 이름은 나스린 헉스였는데, 그녀는 고국에서 '산성 물질 폭력의 생존자들'을 대변하는 선도적인 인물이었다(산성 물질 폭력의 생존자란, 주로 청혼을 거절당한 남자들이나 처가로부터 지참금을 충분히 받지 못한 남편들이 여자의 얼굴에 산성 물질을 뿌리는 만행을 저질러 피해를 입은 여자들을 일컫는다).

로지타는 다음과 같이 고백했다.

그 젊은 여자들이 직면했던 고통과 평생 지워지지 않을 상처가 주는 끔찍한 후유증을 처음 알았을 때 나는 완전히 질리고 말았습니다. 차라리 이 세상에서 이렇게까지 나쁜 일이 일어날 수 있다는 사실을 부정하고 외면하고 싶은 마음뿐이었죠. 하지만 그때 어머니한테 한 약속이 떠올랐고 나는 급격한 시각의 변화를 경험하기 시작했어요.

이들 얼굴 없는 어린 부인들은 나에게는 천사이자, 완전히 일그러진 얼굴을 통해 영혼의 힘을 발산하는 음유 시인들이었습니다. 나는 산성 물질 폭력 행위 자체를 사랑을 위한 거대한 아우성으로 보기 시작했고, 내 어머니가 더 높은 차원에서 나에게 이런 시각을 주신 건 아닌지 의심하기도 했어요. 나는 더 이상 전처럼 무력하게 절망하지 않았고 오히려 모든 당사자들, 육체적으로나 감정적으로 말할 수 없는 고통을 겪고 있는 희생자들뿐만 아니라 자기 자신의 폭력의 피해자이기도 한 가해자들까지 진정으로 배려하는 마음으로 충만하게 되었습니다.

이런 명료한 인식에서 동생과 나는 수많은 여성 단체들의 도움을 요청할 수 있었습니다. 나는 그 단체들을 설득하여 이 말도 안 되는 행위를 종식시키는 데 도움을 주도록 힘을 쏟고 있답니다. 우리 자매는 곧 방글라데시를 방문할 계획이에요. 이 활동을 시작한 것이 우리에게 상당한 치료 효과를 안겨주었으며, 어머니도 우리를 대견하게 여기고 있을 것이라고 확신하고 있답니다.

다른 사람에게 도움을 주는 방법은 아주 많으며, 지금이 바로 그 가운데 하나를 실행할 때이다. 시간, 정력 그리고 물품을 기부하겠다고 하기만 하면 쌍수를 들고 환영할 조직은 많다. 일주일 또는 한 달을 정해놓고 관심이 가는 조직에 대해서 더 많이 알아보아라. 그러면 도움을 줄 만한 많은 방법을 알게 될 것이다.

동물
Global Stewards : www.globalstewards.org
The Human Society : www.hsus.org
World Animal Network Directory : www.worldanimalnet.org

아기
Newborns in Need : www.newbornsineed.org
Faith House : www.faithvillage.org
March of Dimes : www.marchofdimes.org

어린이
Advocates for Youth : www.advocatesforyouth.org
Boys and Girls Club of America : www.bgca.org
International Rescue Committee : www.theirc.org
The Make a Wish Foundation : www.makeawish.org

The Nelson Mandela Children's Fund : www.mandela-children.org
The Omega Boys Club : www.street-soldiers.org
UNICEF Children's Fund : www.unicef.org

공동체
American Red Cross : www.redcross.org
The Hunger Project : www.thp.org
Peace Corps : www.peacecorps.gov
Salvation Army International Headquarters : www.salvationarmy.org
Volunteers of America : www.voa.org

환경
Audubon Society : www.audubonsociety.org
Earth Share : www.earthshare.org
The EnviroLink Network : www.envirolink.org
Green Peace : www.greenpeace.org
The National Environmental Directory : www.environmentaldirectory.net
The World Environmental Organization : www.world.org
The National Resources Defense Council : www.nrdc.org

가족과 주택
Family Violence Prevention Fund : www.endabuse.org
Habitat for Humanity : www.habitat.org
National Casa Association : www.nationalcasa.org
National Coalition for the Homeless : www.nationalhomeless.org
National Organization of Parents of Murdered Children : www.pomc.com

건강
American Foundation for AIDS Research : www.amfar.org
Center for Disease Control : www.cdcfoundation.com
Hazelden Foundation : www.hazelden.org
Operation Smile : www.operationsmile.org
Walden House : www.waldenhouse.org

> **여성**
> Avon Breast Cancer Awareness Crusade : www.avoncrusade.com
> Mom 2 Mom : www.mom2mom.org
> The National Council of Women's Organizations : www.women'sorganizations.org
> National Domestic Violence Hotline : www.ndvh.org
> Women for Women Intl. : www.womenforwomen.org

봉사를 가로막는 생각을 극복해라

> "이 세상에서 가치가 있는 일들은 대부분 성취되기 전까지는 불가능하다고 여겼다."
> _루이스 브랜다이스

우리들은 대부분 세상에 봉사하겠다는 선의를 갖고 있지만 흔히 다음달, 내년 또는 조금 더 '시간이 나는' 막연한 미래의 어느 순간으로 미루는 일이 많다. 이런 접근 방법의 문제는, 대부분 그 시간은 절대로 오지 않는다는 것이다. 그 결과 우리 아이들은 이 세상에서 실천적인 봉사 활동 한번 제대로 못 해보고 어른이 되며, 가족이 하나가 되어 값으로 따질 수 없는 귀중한 경험을 하고 그것을 다시 사회와 세계에 되돌려줄 수 있는 기회를 잃게 된다.

우리가 우리 마음을 조금만 더 깊이 들여다본다면, 봉사 활동을 피하는 우리의 결정은 몇 가지 잘못된 믿음이나 신념에 바탕을 두고 있음을 알 수 있다. 그런 믿음이나 신념들에 대한 각성이 이루어지지 않는 한, 우리는 움직이지 않을 것이다. 온 가족이 아래의 점검표를 조사해보고 자신의 실행 능력에 영향을 미치고 있는 잘못된 생각이나 신념을 점검해보아라.

봉사를 가로막는 일반적인 생각들

1. 나는 누군가를 도울 만큼 한가하지 않다.
2. 나는 병들거나 곤궁한 사람들 곁에 있으면 불편하다.
3. 나는 한 개인에 지나지 않으며, 실질적인 영향을 끼칠 수 없다.
4. 나는 여러 단체에 즐겨 가입하는 사람이 아니며, 대부분의 단체들을 믿지 않는다.
5. 나는 내놓을 만한 가치 있는 것을 전혀 갖고 있지 않다.
6. 나는 시간 여유가 조금 더 생기는 내년에 도움을 주겠다.
7. 나는 내 문제를 해결하기에도 벅차다.
8. 불운한 사람들 곁에 머물면 불길하다.
9. 차라리 수표 한 장 보내는 것이 더 낫다.
10. 나는 친하지 않은 사람이나 집단이 나를 불편하게 한다는 것을 안다.
11. 전에 자원봉사를 해보았는데 그다지 좋지 않았다.
12. 나는 너무 많이 기부하라고 압력을 받는 것 같다.

이런 생각들을 하나하나 곰곰이 따져보아라. 이런 생각들의 기원, 즉 어떻게 그런 생각을 하게 되었는지 그리고 그런 생각을 고치기 위해 할 수 있는 것이 무엇인지 이야기해보아라. 이런 시도만으로도 가족 전체가 할 만한 교육적 행동이다. 적극적으로 도움의 손길을 내미는 사람들도 위와 같은 생각들을 갖고 있지만, 그들은 세상에 되돌려주려는 뜻에서 어떻게든 내부의 저항감을 이겨내고 다른 사람들에게 손을 뻗어 도움을 주는 것이다.

많은 사람들은 공동체로 돌려주는 것이 시민다운 책임이자, 지금까지 받은 모든 선물에 대한 감사의 마음을 표현하는 아주 적절한 방법이라고 생각한다. 자식들에게 너그러운 마음씨를 가르치는 것보다 중요한 일은 많지 않다.

마더 테레사는 말했다.

"우리가 위대한 일은 절대로 할 수 없을지 모르지만 위대한 방법으로 작은 일은 얼마든지 할 수 있다."

한 시간 정도의 봉사라는 작은 기적이, 곤궁에 빠진 사람에게는 엄청난 영향을 미칠 수 있는 작은 사랑의 행동이 되는 경우는 얼마든지 있다. 우리가 작지만 의미 있는 방법으로 봉사를 실행하면, 아이들은 봉사가 삶의 필수불가결한 일부라는 것을 자연스럽게 배우게 된다.

자신과 다른 사람들의
장점을 발견해라

"한 인간의 진면목은
자신에게 도움 되지 않을 사람들을 대하는 방식을 보면 알 수 있다."

_ 작가 미상

장애인을 만날 때 우리는 대부분 동정심과 기피심을 동시에 느낀다. 어린아이가 본능에 따라 장애인을 빤히 쳐다보면 버릇없는 짓이니 고쳐야 한다는 말을 듣는다. 흔히 이런 꾸짖음은 어느 것이 자기와 다른지 탐구해보려는 자연적인 호기심을 부끄러운 짓이라고 생각하게 한다. 우리는 자라면서 외모나 행동이 우리와 다른 사람들에게 관심을 가지고 그들을 더 잘 알려고 하기보다는 그들을 외면하도록 길들여진다. 이로 말미암아 타인과 고립되고, 우리와 다른 사람들을 충분히 알 기회를 놓치게 된다. 뇌성마비나 다운증후군을 앓고 있는 사람들과 많은 시간을 보내는 사람들에게 어떤 경험을 했는지 물어보아라. 그러면 그들과 함께 지낸 덕에 따뜻한 인간의 본성을 경험했다는 대답을 들을 것이다.

대학교 3학년인 사라와 이제 막 고등학생이 된 로이는 모두 어렸을 때 아버지의 격려로 특별 올림픽 자원 봉사를 시작했다. 그들 남매에게 깊은 감동을 안겨준 아주 특별한 사건은 여름 경기 때 일어났다.

몇 년 전 시애틀 특별 올림픽 때, 모두 육체적 또는 정신적으로 장애인인 아홉 명의 참가자들은 100야드 달리기 출발선에 모여 달릴 준비를 하고 있었다. 총소리와 함께 그들은 모두 출발했다. 정확하게 말해서 그들은 모두 달리는 것이 아니라 결승점을 향한 경주를 음미했다. 아니, 한 소년은 예외였다. 그는 속도를 내자마자 비틀거리더니 거의 넘어질 듯했다. 소년은 두세 번 넘어지더니 급기야 등을 깔고 누워버렸다. 그는 거기에서 아연한 채 몇 분 동안 누워 있더니 급기야 울음을 터뜨리기 시작했다.

다른 여덟 명의 선수들은 멀리서 소년의 희미한 울음소리를 들었다. 그들은 각자 천천히 속도를 늦추고 뒤를 돌아보았다. 그리고 몇 초도 지나지 않아 한 명도 아니고, 두 명도 아니고, 네 명도 아닌 여덟 명이 돌아가기 시작했다. 그것은 완벽한 규칙 위반이었지만 동료 선수를 돕기 위해 돌아선 것이다. 그들은 흐느껴 우는 소년 주위에 몰려들어, 그래도 아무 문제 없다고 위로하려는 듯 손을 뻗어서 그의 머리를 받쳐주고 털어주고 일어서도록 도와주었다.

다운증후군을 앓고 있던 한 소녀는 소년의 뺨에 키스를 하고 나서 말했다.
"이 일 덕분에 더 잘될 거야."

그리고 느리지만 확실하게 아홉 명은 모두 서로 팔짱을 끼고 옆으로 길게 일직선을 이룬 채 결승점까지 내내 웃음을 띤 채 걸어왔다.

관중석에 있던 모든 사람들이 일제히 기립하여 환호성을 지르고 박수를 쳤다. 박수는 오랫동안 그치지 않았고 아홉 명의 선수들은 손을 모아 자랑스럽게 하늘 높이 치켜 올렸다.

"거기에 있던 사람들은 아직도 그 이야기를 한답니다."

사라가 그날의 기억이 아직도 생생하다는 듯 말했다.

"그 일이 무척이나 감동적이었기 때문일 거예요. 우리는 모두 인생에서 정말 중요한 것은 자기 자신의 승리보다 훨씬 더 중요한 어떤 것이라는 점을 알고 있습니다. 가장 중요한 것은 다른 사람이 승리하도록 돕는 일이에요. 그걸 위해 우리의 속도를 늦추고 방향을 돌리는 한이 있더라도 말이죠. 정신적으로나 육체적으로 장애를 안고 있는 선수들은 그 점을, 그 인상적인 날에, 누구도 평생 잊지 못할 강렬한 방법으로, 모든 사람들에게 알려주었습니다."

아이에게 봉사를 통한 리더십을 보여주어라

> "나는 당신의 운명이 어떻게 될지 모르지만, 봉사하는 방법을 찾고 배우려는 사람만이 진정으로 행복하게 된다는 것은 알고 있다."
> _ 알베르트 슈바이처

어린이나 청소년들을 자원봉사 활동에 참여시켜 남을 돕게 하면, 그들은 너그러운 마음뿐만 아니라 균형 감각을 갖추고 사회에 기여할 수 있는 성인으로 자랄 수 있는 소양을 기르게 된다. 어린 지도자들은 봉사하면서 느끼는 만족감에서 우러나오는 자신감, 자신의 노력이 정말로 중요하다는 자각에서 나오는 자신감을 갖고 있다.

존 와그너-홀츠는 어머니가 유방암을 앓고 있을 때 어린이를 위한 암 지원 단체인 키즈 코넥티드 회사 Kids Konnected, Inc.를 설립했다. 당시 존은 아직 초등학생이었으며 그런 일을 겪고 있는 어린이들을 위한 지원 단체를 찾을 수 없었다. 그래서 그는 어린이들이 이용할 수 있고 필요할 때에는 언제라도 지원을 받을 수 있는 전화 상담을 집에서 시작했다.

존은 암 재단으로부터 283달러의 보조금을 받아 시작했다. 몇 년이 지난 현재 키즈 코넥티드는 연간 예산이 15만 달러에 이르며 12개 주에 지부를 두고 있다. 앨 고어는 건강 관리 전문가들을 위해 개최된 한 회의에서 이 조직을 언급하면서 "재정적 효율성의 모델"이라고 말했다. 이 성공의 결과 존은 다음 목표로 미국 역사상 최연소 국회의원이 되겠다는 야망을 품었다. 그리고 당면 목표로는 자기가 대학에 다니는 동안 그 조직의 CEO 역할을 맡을 어린이를 훈련시키리라 마음먹었다. 그렇게 해서 그 조직이 계속해서 어린이를 위해, 어린이에 의해 운영될 수 있도록 하기 위해서였다.

'노숙자들을 위한 행복 도우미 Happy Helpers for the Homeless'를 설립한 앰버 코프먼은 어머니와 함께 수년 동안 노숙자 보호소에서 봉사 활동을 했던 경험에서 영감을 얻어 그 단체를 설립했다. 그녀는 보호소에서 만난 아이들이 다른 아이들과 똑같다는 것을 알고 많은 아이들과 친구가 되었다. 이제 십대가 된 그녀를 비롯하여 대부분이 십대인 한 무리의 자원봉사자들은 조직에 음식을 기부할 사람을 구하기 위해 매주 금요일마다 동네 시장과 식당에서 만난다. 매주 토요일 아침에 그녀와 십대 아이들은 영양 많은 점심을 준비하여 '사랑받을 필요가 있는' 수백 명의 사람들에게 나누어준다. 그녀는 5년이 넘는 기간 동안 단 한 주일도 그 일을 빼먹지 않았다.

"그곳은 나의 마음이 있는 곳입니다."

그녀의 헌신은 마더 테레사의 눈길을 끌었고, 테레사는 세상을 뜨기 직전에 그녀를 인도로 초청했다. 앰버는 어린 나이에 일찍이, 자신은 어려움에 빠져 있는 사람들을 돕는 일에 엄청난 잠재력을 갖고 있음을 알았다. 그녀의 다음 꿈은 노숙자 보호소의 책임자가 되는 것이다.

이들 어린 지도자들이 공통으로 갖고 있는 것은, 남들이 필요로 하는 것을 파악하고 그것을 충족시키는 능력 그리고 자신의 대의명분에 다른 사람들을 참여시키는 열정이다. 대부분의 어린이들은 조직을 만들거나 운동을 일으키는 일을 직접 떠맡지는 않을 것이다. 하지만 어린이라면 누구나 봉사 형태의 일을 함으로써 존과 앰버가 발휘했던 지도자적 기질의 많은 부분을 발휘할 수 있다.

다음은 세상에 봉사하는 일을 의미 있는 방법으로 실행했던 어린 지도자들에게서 발견되는 몇 가지 주요 특징이다. 그들 가운데 대부분은 부모나 스승을 통해 봉사라는 일을 경험했다.

뛰어난 어린 지도자들의 주요 특징
1. 그들은 의미 있는 방법으로 세상에 기여하는 데 열정적이다.
2. 그들은 흔히 가족을 통해, 다른 사람들을 돕는 일을 경험했다.
3. 그들은 술, 담배, 마약을 거의 하지 않거나 아예 하지 않는다.
4. 그들은 동의나 소속감 따위를 위해 동료들에게 잘 의존하지 않는 경향이 있다.
5. 그들은 끊임없이 정보를 찾아다니며 관심 있는 일에 박식하다.
6. 그들은 동료들을 비롯한 다른 사람들에게 동기를 부여하여 행동에 옮기게 할 수 있다.
7. 그들은 자기의 노력이 중요하다는 것을 인식하여 자신감을 갖고 있다.

8. 그들은 끈질기게 노력한다.
9. 그들은 자신이 선택한 대의명분에 대한 끝없는 열정으로 열심히 노력한다.
10. 그들은 미래가 전개될 방향에 대한 통찰력을 갖고 있다.

얼마나 베풀 수 있느냐에 초점을 맞추어라

> "우리는 거둬들이는 것으로 생활한다.
> 그리고 베푸는 것으로 인생을 만들어간다."
> _ 윈스턴 처칠

우리 대다수가 일생 동안 얼마나 많이 거둬들일 수 있느냐보다 얼마나 많이 베풀 수 있느냐에 초점을 맞춘다면 어떤 일이 일어날지 상상해보아라. 영화배우 폴 뉴먼은 1970년대 말 직접 식품 사업에 뛰어들었을 때 그 점을 잘 이해했다. 처음에 그는 공짜로 돌리곤 하던 자가 제조 샐러드드레싱을 크리스마스 때 동네 가게 몇 군데에서 팔겠다고 결정했다. 결정은 일시적인 기분으로 내린 것이었는데, 그로서는 깜짝 놀랄 정도로 그 제품은 열광적인 호평을 받았고 더 많이, 더 널리 공급해달라는 요청이 빗발쳤다.

심심풀이로 시작했던 일은 금방 어엿한 사업으로 성장했다. 폴과 그의 동업자는 회사 슬로건을 '공익을 위한 파렴치한 착취'라고 정했다. 그들의 사업체는 곧 식품업계의 거물로 떠올랐다. 자선에 대한 그들의 접근 방식은 처음부터 근본적으로 달랐다. 그들은 이익의 100퍼센트를 여러 자선 기관에 넉넉하게 기부하고, 세상을 더 좋게 만들기 위해 가능한 한 많이 기부한다는 목표를 정했다. 오늘날까지 그들은 2,000군데가 넘는 세계 곳곳의 자선 기관에 1억 5,000만 달러 이상을 기부했다. 이런 푸짐한 봉사는 다른 자선 사업들을 더욱 분발시키도록 촉진하여 많은 지도자들이 자기 이익의 상당 부분을 가치 있는 일에 기부했다.

"일생 동안 나는 얼마나 많이 벌어들일 수 있는가?"

우리들 가운데 다수가 이 질문에 대답하기 위해 쉴 새 없이 에너지를 쓰고 있지만, 결국 인생의 말년이 되면 최고의 황금기에는 늘 다른 사람들을 도왔다는 사실을 깨닫게 된다. 폴이 대단히 인상적으로 실천해 보였던 '이유 없는' 너그러움의 마당에 들어서는 첫걸음은 다음과 같은 질문이다.

"나는 일생 동안 얼마나 많이 베풀 수 있는가?"

그 대답에 스스로도 놀랄 것이다.

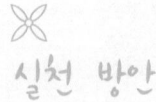
실천 방안

1. 가족 전체가 추구할 만한 명분 있는 일을 선택해라.

온 가족이 시간을 내고 후원을 하고 기부금을 낼 수 있는 일을 선택해라. 당면한 문제들을 살펴보면서, 가족이 선택한 일의 목표를 달성하기 위해 무엇이 필요한지 토론하고 아이디어를 짜라.

2. 매주 작은 기적의 봉사를 해라.

매주 15분 내지 30분쯤 시간을 내어 소규모 봉사 활동을 해라. 작은 기적의 봉사 활동 목록에 마련된 몇 가지 아이디어로부터 시작해서 점점 자신만의 목록을 만들어라. 일상생활에서도 생각나는 대로 친절한 행동을 하고 다른 사람들에게 도움의 손길을 뻗쳐라.

3. "나는 얼마나 많이 베풀 수 있는가?"를 자문해라.

흔히 이것에는 자신, 가족, 친구, 공동체 그리고 세계에게 베푸는 것이 포함된다.

아이들이 보내는 메시지
"베풂의 가치에 대해"

사랑하는 엄마, 아빠.
두 분이 다른 사람들을 대하는 모습은
우리에게 많은 영향을 미칩니다.

두 분이 다른 사람들을 박대할 때
우리는 매몰차게 구는 법을 배운답니다.
두 분이 각각의 문화와 인종을 존중할 때
우리는 받아들일 줄 아는 태도를 배운답니다.

두 분이 불우한 사람들을 외면할 때
우리는 냉담함을 배운답니다.
두 분이 어려움에 빠진 사람들에게 손길을 뻗칠 때
우리는 베풂의 가치를 배운답니다.

그러니 부디 베푸는 마음을 가지세요.
그리고 어려움에 빠진 사람들을 가엾게 여기세요.
우리도 다른 사람들에게 정성 어린 도움을 주면서
세상을 더욱 좋은 곳으로 만드는 방법을 배울 테니까요.

11 믿음을 갖고 낙관적인 태도를 유지해라

잘 되어가는 것에 초점을 맞춰주세요.
어려운 시기에도 신념을 지키며.
우리는 날마다 감사하며
희망을 보는 법을 배울 거예요.

믿음은 정신과 영혼의 작용이며 보이지 않는 것에 대한 변치 않는 마음이다. 믿음은 머리가 이해할 수 없고 감각이 지각할 수 없는 것들에 대한 깊은 이해이다. 믿음은 끊이지 않는 힘을 공급하며 불가능해보일 때 확신을 준다. 지금까지 이루어진 모든 고귀한 일이나 행위는 믿음의 힘에 뿌리를 두고 있다. 믿음은 미국의 초기 개척자들이 광활한 서부를 횡단하도록 이끌었으며, 레오나르도 다 빈치가 하늘을 나는 기계를 믿게 했으며, 아멜리아 에어하트가 단독 비행으로 대서양을 넘게 했으며, 크리스토퍼 콜럼버스가 서인도제도를 발견하게 했으며, 데모크리토스가 원자의 경이를 생각하게 했으며, 마리 퀴리가 방사능을 발견하게 했으며, 아인슈타인이 통일장이론을 제기하게 했다.

믿음은 눈에 보이지 않지만 그 효과는 모든 사람에게 분명하게 보인다. 세계적으로 뛰어난 지도자들 가운데 상당수는 위협받는 중에도 위대한 믿음을 발휘했으며 만나는 모든 사람들의 믿음을 굳히는 효과를 가져왔다. 유명한 시인이자 저자이며 정의와 평화의 사도인 마야 안젤루는 젊었을 때 아들이 심각한 교통사고를 당하는 정신적 외상을 겪었다. 마야는 밤낮으로 아들의 침대 옆을 헌신적으로 지키며 언젠가 아들이 완벽하게 건강을 되찾을 것이라는 믿음을 갖고 아들의 회복을 빌었다. 아들의 치료 과정은 느리고 고통스러웠으며 어떤 때에는 의사들이 마야에게 아들은 앞으로 다시 걷지 못할 것이라는 나쁜 소식을 전해주기도 했다. 마야는 그런 끔찍한 진단에도 절망하지 않고 의사들에게 대꾸하곤 했다.

"그걸 어떻게 알죠? …… 나는 더 높은 분께 다녀왔습니다. 그리고 우리 아들이 다시 걷게 된다는 것을 알고 있어요."

세월이 흘러 아들은 건강을 완전히 회복했고 이제 그는 생산적이고 건강한 삶을 영위하고 있다. 그는 눈물을 머금고 말한다.

"우리 어머니의 믿음이 나를 회복시켰습니다."

믿음은 우리의 가장 큰 자원이다

"약간의 믿음은 당신의 영혼을 하늘로 데려갈 것이다.
많은 믿음은 하늘을 당신의 영혼으로 데려올 것이다."

_드와이트 무디

1990년대 말, 캄보디아의 불교 지도자 마하 고사난다는 나라 곳곳에 위험하게 깔려 있는 지뢰에 관심을 기울이기로 결심했다. 그는 아이들을 포함한 수백 명의 캄보디아 사람들이 전쟁의 어두운 그늘로 남아 있는 수천 개의 지뢰 가운데 하나를 무심코 밟아 다리를 잃는 광경을 직접 목격했다. 그는 이 참을 수 없는 환경에 강력하게 항의하는 뜻으로, 가장 위험한 지뢰 '적색 구역들'을 통과하는 도보 국토 횡단 계획을 세웠다. 동료들이나 주변 사람들의 회의적인 시각 속에서도 그는 전국 횡단을 시작했고 건강한 몸으로 끝을 맺었다. 그에게 믿음은, 목적을 이루는 과정에서 그가 가졌을지 모르는 어떤 두려움보다도 더 큰 힘을 발휘했다. 마하의 놀랄 만한 확신은 세계의 많은 지도자들에게 알려졌고 그 이후 세계의 지도자들은 그를 지지하여 결집하고 있다.

사십대 후반의 여성 소니아 제이콥스는 25년도 더 지난 옛날, 사랑하는 남편과 함께 억울하게 기소되었다. 그녀는 결백한 남편이 사형 선고를 받는 것을 목격했고 이후 22년을 감옥에서 보냈다. 그리고 그녀는 어쩔 수 없이 귀중한 자식들을 친척들에게 보내야만 했다.

회색 벽 안에서 가족도 없이 수많은 세월을 보내는 동안에도 소니아는 '삶의 목적을 찾아내어 그것을 추구하며 산다'는 신념을 절대로 잃지 않았다. 감옥에 있는 동안 그녀는 자신에게 어떤 소명이 있다는 것을 확신했고 어떻게 해서든 동료 재소자들을 돕고 싶었다. 죄수들 가운데 다수가 감옥에서 고생하는 데 분개하고 괴로워하며 고통에서 벗어나지 못하고 있었다. 소니아는 그곳에서 관용 워크숍을 열어 여자 재소자들을 가르쳤고, 그들은 소니아에게 무척 감사했다. 소니아의 정력적인 활동 덕분에 많은 사람들이 분노에서 해방되는 일을 경험했을 뿐만 아니라 마음의 평온과 서로간의 우정을 새롭게 발견했다.

소니아가 마침내 석방되어 자식들과 다시 합쳤을 때 아이들은 이미 모두 성인이 되어 있었다. 소니아는 어떤 것으로도 대신할 수 없는 잃어버린 세월을 한탄하지 않고 사랑하는 가족과 함께 관용의 힘에 대한 믿음을 계속 실행해나갔다. 소니아는 인종과 종교를 막론하고 세계 곳곳의 사람들에게 관용을 가르치고 있다. 숱한 비난 속에서도 믿을 수 없을 만큼 꿋꿋한 그녀의 믿음은 그녀가 만나는 모든 사람들에게 영감을 주고 있다.

마일스 코널리의 소설에 나오는 등장인물인 미스터 블루는 대단한 믿음의 소유자이다. 그는 드높은 권능의 가호와 섭리를 확신해서 아끼는 재화들을 불우한 사람에게 나누어주었다. 그는 어린아이와 같은 호기심으로 밤하늘 아래 누웠으며 100달러짜리 지폐가 달린 커다란 풍선 다발들을 반복적으로 날려 보냈다.

미스터 블루가 순수한 소설 속의 인물인지 실제 인물인지는 소설 전체에서 확실하게 드러나지 않지만, 그에 대한 다음과 같은 서술을 보면 짐작할 수 있을 것이다.

그와 함께 한 시간쯤 있다 보면 새로운 좋은 공기로 숨을 쉬고 아름다움이 내면에 가득 차는 느낌이 든다. 그와 함께 있다 보면 누구나 현재라는 장엄한 순간을 포착하게 된다. 그의 존재 자체가 갖는 힘에 의해, 설득력 있는 그의 눈빛 앞에서는 가난, 게으름과 그 밖의 사소한 것들은 아무것도 아닌 것들이 되어버린다. 밝고, 심지어 만질 수 있을 것도 같은 빛으로 목욕을 하는 기분을 느낀다. 왜냐하면 그것은 그가 보는 빛이며, 그가 믿음을 주는 것으로, 죽음을 향한 당당한 여정에 있는 우리가 갖고 있는 빛이기 때문이다. 크고 작은 온갖 하찮은 것들은 영혼으로부터 떨어져 나간다. 정신은 그의 정신과 어울리기 위해 무의식적으로 노력하는 과정에서 굳건하고 깨끗하며 빛나고 용감해진다.

"자, 자."

그의 눈이 말한다.

"그 위험한 길을 잘 봐! 너는 죽을 거야. 편안하고 자연스럽게 숨이 막혀 조금은 기쁘고 조금은 슬프게 숨을 거둘 거야."

그가 가면서 경고한다. 그런 사람과 함께 무엇을 할 수 있을까? 그의 인생 정신을 포착할 수는 있지만 글로는 그의 장엄한 여정을 표현할 수 없을 것이다.

모든 사람에게는
믿어주는 사람이 필요하다

> "믿음은 바라는 것들의 실체이며, 보이지 않는 것들의 증거이다."
> _타르수스의 성 바울

우리에게 음식과 휴식과 물이 필요하듯이 우리 모두에게는 우리를 믿어주는 누군가가 필요하다. 특히 우리가 자신을 믿지 못할 때 더 그렇다. 이십대 중반의 여성인 우리 친구 데브라는 자기에게 믿음에 관한 모든 것을 가르쳐준 스승 이야기를 했다.

로스앤젤레스에서 자란 나는 우리의 안전을 걱정한 부모님의 철저한 보호 속에서 생활했습니다. 우리 부모님은 유괴범들이 활개치고 다닐지 모른다는 걱정 때문에 집에서 학교까지 걸어가는 것을 절대로 허락하지 않으셨죠. 우리 집 문은 늘 이중 잠금 장치가 되어 있었고, 저녁식사 시간에는 날마다 뉴스에서 나오는 폭력과 살인 사건 보도를 보았습니다. 우리는 늘 가장 최근에 일어난 지구 곳곳의 참사에 대해 꿰고 있었고, 마치 방공호나 되는 양 집 안에서 꼼짝도 하지 않았습니다.

부모님은 우리 형제들에게 약간의 과대망상증적인 행동을 보여주었어요.

"후회보다는 더 나은 안전이 최고야!"

어머니는 늘 그렇게 말씀하셨죠. 아버지도 늘 말씀하셨어요.

"최악의 상황에 대비한 계획을 세워라!"

그래서 우리는 앞으로 닥칠 어떤 일에 대해서도 계획을 세우곤 했습니다. 나는 부모님들의 좋은 뜻은 알고 있었지만 그런 시각에는 무엇인가 빠진 것이 있다고 생각했습니다. 나는 우리 할머니 로즈가 우리 집으로 이사 와서 함께 살게 된 뒤에 그 빠진 것이 무엇인지 알게 되었어요. 그것은 믿음이었죠. 로즈 할머니는 믿음이라는 말을 좋아했습니다. 할머니는 거의 하루도 빼지 않고 믿음이라는 말을 썼어요.

할머니가 이사 온 지 얼마 되지 않은 어느 날, 나는 축구 시합을 앞두고 매우 긴장했습니다. 시합 전날 밤에는 잠을 이룰 수가 없을 정도였죠. 나는 부엌으로 가서 뭔가 먹을 것을 찾았어요. 할머니는 내가 달그락거리는 소리를 듣고 부엌으로 나오셨습니다. 나는 할머니에게 내 걱정거리를 말했고 할머니는 가끔 이해한다는 듯 고개를 끄덕이며 내 말을 들어주셨죠.

"내가 우리 손녀에게 한마디 해주마."

할머니는 나에게 윙크를 하더니 말씀하셨습니다.

"네 자신에 대해 믿음을 가지도록 해라! 너는 훌륭한 선수야. 그리고 네가 힘을 다해 공을 차면서 너의 믿음을 통해 네 팀은 힘을 얻을 거란다!"

할머니가 내게 심어준 이미지 덕분에 그날 밤 긴장이 풀렸고, 나는 깊은 잠에 빠져 멋진 골을 넣는 꿈을 꾸었습니다. 비록 우리는 그 시합에서 이기지 못했지만 나는 대부분의 득점에서 공을 세우고, 팀을 먼저 생각하는 마음으로 경기를 했다고 칭찬을 받았죠.

로즈 할머니는 우리 모두에게 믿음을 심어주었습니다. 오빠에게는 성적이 그리 좋지 못했던 대학 시절에 그리고 여동생에게는 우리 공동체에서 주연 배우가 되기 위해 무대 공포증을 극복할 필요가 있을 때 믿음을 심어주셨죠. 할머니는 우리의 건강과 행복이 계속된다는 자신의 신념을 더욱 굳건히 하기 위해 매일 아침 우리를 위해 기도한다고 말씀하셨습니다. 할머니는 그 자체로 살아 있는 천사였어요. 나는 처음 자동차를 샀을 때 할머니의 믿음이 빛을 발했던 그 순간을 영원히 잊지 못할 겁니다. 그때 우리 부모님은 내가 로스앤젤레스에서 운전한다는 사실을 무척 걱정했습니다.

"절대로 405번 고속도로로 다니지 마라. 거긴 너무 복잡해."

어머니는 기회가 있을 때마다 말씀하셨죠.

"최근에 오일과 타이어를 점검했니?"

아버지는 걱정스러운 표정으로 묻곤 했습니다. 나는 늘 도로에 나갈 때 조금씩 떨긴 했습니다.

"얘야, 긴장을 풀어라."

할머니는 내가 처음 운전할 때 이렇게 말씀하셨습니다.

"알아요, 알아. 믿음을 가져라. 맞죠, 할머니? 미치광이에게도 운전면허증을 발급하는 캘리포니아 주에서 믿음을 갖기는 어려워요."

나는 할머니에게 대꾸했죠. 할머니는 씩 웃으며 말씀하셨습니다.

"미치광이 운전수보다 훨씬 더 센 어떤 것이 너를 안전하게 지켜주고 있단다."

그 다음 주에 로즈 할머니는 "천사가 지킨다."라고 적힌 반짝이는 옥색 스티커를 주셨습니다. 그것을 차 안 글로브박스에 붙여놓고, 운전할 때마다 '나는 완벽하게 안전하며 사랑으로 감싸여 있다'고 되새기라는 것이었죠. 나는 그 아이디어가 좋다고 생각했고 차를 출발시킬 때마다 잊지 않고 천사를 불렀습니다.

나는 할머니의 타이밍이 얼마나 절묘한지 놀라지 않을 수 없었습니다. 일주일도 지나지 않아, 하루는 러시아워에 차를 몰고 가는데 커다란 냉장고가 트럭에서 떨어지더니 내 앞에 쿵 떨어졌습니다. 나는 급히 방향을 틀었지만 아찔한 순간에 차를 제대로 통제하지 못했습니다. 나는 결국 네 개 차선을 가로지르고 나서 멈추었습니다. 앞을 보니 차들이 나를 향해 달려오고 있었죠.

나는 충격을 받고 망연자실한 채 어떻게 해야 할지 아무 생각도 못했습니다. 그때 문득 그 반짝이는 스티커가 눈에 들어왔습니다. 스티커를 보는 순간 나에게는 차를 다시 출발시킬 수 있는 기운이 솟았고 정말 기적적으로 차가 움직였습니다. 나는 살아날 수 있는 유일한 기회는 번개 같은 속도로 차를 움직여 갓길로 빼는 것이라는 사실을 알고 있었습니다. 차를 갓길로 빼기 위해서는 두려운 본능을 무시하고 다가오는 자동차들을 향해 곧장 운전해야 했습니다. 나는 공포감이 밀려오는 것을 느꼈습니다. 그때 로즈 할머니가 조용히 하는 말이 들려왔습니다.

"지금, 빨리! 얘야, 너는 할 수 있어!"

나는 기적적으로 순식간에 갓길 쪽으로 방향을 바꾸면서 다가오는 차들의 습격을 간신히 피했습니다. 곧 차 한 대가 내 뒤에 와서 섰습니다. 그 차에서 한 여자가 튀어나오더니 내게 달려왔습니다.

"괜찮아요?"

그 여자가 흥분하여 물었죠.

"괘, 괜찮은 거 같아요……."

나는 여전히 덜덜 떨면서도 여기저기 몸을 살펴보고 말했습니다.

"나는 당신이 꼭 죽는 줄 알았어요."

그 여자는 손으로 자기 가슴을 쥐며 말했어요.

"나는 처음부터 전부 봤어요. 냉장고가 어디선가 떨어졌고 당신은 도저히 불가능한 시간 안에 길에서 벗어나야 했지요. 당신이 어떻게 그렇게 해냈는지 모르겠어요. 지금까지 그런 일은 본 적도 없거든요."

그녀는 눈을 휘둥그레 뜨고 덧붙였습니다.

"틀림없이 천사가 당신을 지켜줬을 거예요."

나는 말없이 글로브박스에 붙은 반짝이 스티커를 가리켰습니다. 그 여자가 스티커의 글씨를 크게 읽은 다음 말했죠.

"저런 스티커를 어디서 구할 수 있나요?"

나는 그녀의 주소를 받고 나서 "당신을 위해 이런 스티커 한 장쯤 마련할 수 있을지도 모르는 어떤 천사를 알고 있다."고 말했습니다. 그 여자가 자기 차로 돌아가기 전에 우리는 서로 포옹을 하고 내가 이런 사고에서 상처 하나 없이 살아남았다는 사실에 감사하는 마음을 주고받았습니다. 때를 맞춘 듯 그녀가 현장에 있었던 것이 범상치 않은 일이 일어났음을 확인시켜주는 것 같았고, 나는 그녀가 전령사 역할을 하고 있었던 것은 아닌가 하는 생각마저 들었죠.

내가 그 사려 깊은 여자에게 작별 인사를 하는 동안 고속도로 순찰대가 와서 멈추었습니다. 몇 가지 질문에 대답하고 보고서를 작성하는 동안 나의 내면에는 신비한 평온함으로 가득 채워지는 것이 느껴졌습니다. 내가 생각할 수 있는 것은 온화한 로즈 할머니뿐이었죠. 할머니의 굳센 믿음이 나의 생명을 구했음은 의심할 나위가 없답니다.

믿음은 힘을 주고, 변화를 주며, 지켜준다

> "믿음은 보이지 않지만 불굴의 힘으로서,
> 열심히 바라고 끈질기게 원하는 것은 무엇이든 끌어온다."
> _ 랠프 W. 트라인

올해 나이 마흔다섯인 지넷은 십대인 딸 에이미가 점점 더 거칠어져가기만 할 때 믿음의 힘을 절실히 깨달았다. 에이미는 마약 중독자 남자친구를 사귀면서 어머니에게 거짓말을 했다. 처음에 에이미는 남자친구가 중독성 마약을 끊을 수 있도록 도울 생각이었다. 하지만 그녀의 저항은 약화되었고 그녀는 실험적으로 헤로인을 피우기 시작했다. 그리고 그것은 단지 아편일 뿐이며 마약 주사만큼 위험하지는 않다고 확신하기에 이르렀다.

에이미는 거의 하룻밤 사이에 중독자가 되고 말았다. 중독 정도가 심해지자 에이미의 남자친구는 약값을 대기 위해 돈을 훔치기 시작했고 에이미도 가끔 남자친구와 동행했다. 얼마 지나지 않아 에이미는 범죄 공모, 무장 강도 공범, 헤로인 소지 등 여러 가지 중범죄 혐의로 체포되었다. 지넷의 딸은 공부 잘하는 명랑한 고등학생에서 수년 동안 감옥살이를 해야 할지도 모르는 중범죄자로 급격하게 추락했다.

지넷은 진을 빼는 법정 청문회, 비싼 변호사 비용, 에이미의 남자친구 일

당이 보내오는 위협 그리고 곤경에 처한 딸의 처지에 안타까워하는 마음 등을 이겨내며 몇 달을 버텼다. 그녀는 딸이 체포된 후에는 음식을 먹어도 제대로 소화시키지 못했으며 내내 잠을 설쳤다. 어떻게 헤쳐나가야 할지 대책이 전혀 안 보이는 캄캄한 와중에 지넷은 종종 자기 어머니에게 전화했다. 그때마다 지넷의 어머니는 다음과 같이 말했다.

"모든 것이 잘될 거야. 내 손녀도 감옥에 가지 않을 거야. 확실해."

"어떻게 그렇게 확신하세요, 어머니?"

지넷은 지푸라기라도 잡는 심정으로 모든 수단을 찾아보면서도 어머니한테 항변했다.

"나는 기도를 할 때마다 그것을 느낀단다. 모든 게 잘될 거야. 나는 그냥 알아."

사실 지넷은 거의 마비와 충격 상태에 있었으므로, 그것 말고는 다른 어떤 것도 느끼기 어려웠다. 그럼에도 그녀는 어머니의 확신에 마음이 조금 편해지는 것을 느꼈고 그럼으로써 힘을 얻어 에이미에게 "설사 네가 감옥에 가게 되더라도 나는 늘 너를 믿겠다."고 말할 수 있었다. 지넷이 무슨 일이 있더라도 네 곁을 지켜주겠노라고 말하자 에이미는 울음을 터뜨렸다.

최종 청문회가 있기 며칠 전에 지넷에게 무슨 일인가 생겼고 그녀는 까닭 없이 마음이 편해지는 것을 느꼈다.

"나는 인간으로서 할 일은 다 했고 이제는 한마디로 모든 것을 하늘에 맡길 때라는 것을 알았습니다."

기적적으로, 초범에게도 엄격하기로 악명 높은 예정 판사가 청문회 날에 마침 결석했다. 그리고 그를 대신한 사람은, 에이미의 변호사 말에 따르면 "우리 주 전체에서 가장 동정심이 많은 판사"로 평판이 자자한 사람이었다.

"나는 법정 방청석에 앉아서 판사가 딸에게 내릴 평결을 기다렸습니다."

지넷은 그 당시를 다음과 같이 회상했다.

"그가 말하는 동안 나는 주문을 외듯 세 단어를 반복해서 말했습니다. '나는 너를 믿는다. 나는 너를 믿는다. 나는 너를 믿는다.'"

나는 신을 믿었습니다. 나는 판사의 결정을 믿었습니다. 그리고 어떤 일이 닥쳐도 내 딸은 헤쳐나갈 능력이 있다고 믿었습니다. 내 인생에서 가장 소중한 사람, 나의 유일한 자식을 완전히 그 아이의 운명에 맡긴 그 순간은 장엄하기만 했습니다. 당시 나는 내가 무엇을 더 바라느냐 하는 문제는 에이미에게 궁극적으로 가장 좋은 것과는 거의 관련이 없다는 것 그리고 부모로서 내가 아무리 안달한다 하더라도 모든 것은 결국 잘 되어가리라는 것을 깨달았습니다.

판사는 꼬박 10분 동안 에이미에게 말했습니다. 그것은 질이 안 좋은 사람들과 어울리는 것의 위험성 및 불법 약물 사용이 선량한 시민들에게 미치는 위협에 관한 것들이었습니다. 판사는 이 사건을 어떻게 해야 할지 확신이 서지 않는다고 에이미에게 솔직하게 말했습니다. 에이미는 한편으로는 초범이었지만 다른 한편으로는 마약 사용과 범죄 연루 등으로 아주 짧은 기간 동안에 죄질이 급격히 나빠졌기 때문이지요.

판사는 자기가 무엇을 우려하는지 표현하면서 에이미에게 엄격하게 대했습니다. 그는 긴 시간 동안 생각에 잠긴 표정이더니 이윽고 에이미에게 미결 11년형 선고 대신 6개월의 약물 회복 및 3년의 보호 관찰을 허용했습니다.

"방금 내가 내린 결정이 옳았다는 것을 증명해주기 바란다."

판사는 엄한 눈으로 에이미를 쳐다보면서 말했습니다.

"이 법정에 다시 나타나지 않는 것으로 말이야. 어린 숙녀 아가씨."

지넷은 다음과 같이 그 결정적인 순간들을 회상했다.

"판사의 애정 어린 평결을 듣는 동안 감사의 눈물이 하염없이 흘러내렸습니다. 나는 숨을 가다듬기 위해 잠시 자리에 계속 앉아 있었습니다. 그러곤 내 어머니가 이 어려운 시기 내내 보여주었던 불굴의 믿음을 이해하기 시작했죠. 내가 이해하지 못했던 것은 신의 무한한 사랑이었어요. 그것은 내가 법정을 나올 즈음에 불꽃으로 타올라 법정 전체를 밝혀주었습니다. 그날 나는 앞으로 어떤 일에서든 믿음과 정신적 확신을 더욱 굳건하게 키우겠다고 맹세했습니다."

그 청문회 이후 에이미는 마약을 사용하지 않고 있다. 에이미는 약물 회복과 보호 관찰 기간을 성공적으로 마쳤고 지금은 성인으로서 생산적이고 만족스러운 삶을 살고 있다. 에이미는 다음과 같이 인정한다.

"그 끔찍했던 시간 동안 우리 가족이 지녔던 믿음은 은총이었습니다. 그것이 없었다면 나는 내가 있어야 할 곳을 알지 못했을 거예요. 내가 깊이 바라는 것 중 하나는 방황하는 모든 아이들에게, 특히 너무도 심약해서 스스로는 믿음을 가지지 못하는 아이들에게, 그들을 위해 믿음을 갖고 있는 누군가가 곁에 있어주면 좋겠다는 것이랍니다."

믿어주었을 때 발휘되는 힘

> "믿음은 휘둘리는 창도 비웃으며,
> 불신은 흔들리는 낙엽에도 덜덜 떤다.
> 불신은 영혼을 굶주리게 하지만,
> 믿음은 기근 속에서도 음식을 발견한다."
>
> _로버트 세실

나는 가족끼리 오랫동안 친근하게 지낸 마를로의 집에 머물고 있었다. 마를로와 대화하다가 그녀의 남편 제리가 화제에 올랐다.

그녀는 한숨을 쉬면서 말했다.

"글쎄, 우리 결혼 15주년 기념일이 몇 달 앞으로 다가왔어. 그런데 나는 문득 제리가 술을 마시기 시작한 지 15년이 넘었다는 사실을 깨달았어. 15년이 훨씬 넘은 옛날에 내가 만나서 사랑에 빠진 맑은 눈의 순수한 청년이었던 그의 모습은 이제 기억도 안 나."

계속해서 그녀는 자기가 존경하는 선생님이, 지금 이 순간 남편이 바뀌리라 기대하지 말고 있는 그대로 남편을 사랑하라고 충고했다고 말했다.

나는 그녀에게 말했다.

"그 말도 옳겠지. 하지만 네가 기꺼이 남편을 변화시킬 생각이 있고 또 남편이 술을 끊고 정상적인 생활을 할 수 있는 능력이 있다는 믿음을 갖고 있는지 의심스러워."

"오, 나는 도저히 그렇게 할 수 없을 것 같아."

마를로가 회의적으로 말했다.

"내 기억 속에서 그는 내내 술을 마셔왔어. 사실 그가 술을 너무도 오랫동안 마셔서 술을 뺀 그의 모습은 상상할 수도 없을 정도야."

| 믿음을 갖고 낙관적인 태도를 유지해라

"그것이 정말 네 남편의 본질이야?"

나는 진지하게 물었다.

"아니면 그저 그가 오랫동안 보여준 모습일 뿐이야?"

마를로는 주저했다.

"글쎄, 내가 생각하기에는 그는 더도 말고 알코올 중독자야. 아니라고 하기가 어려워. 그는 하루도 빼놓지 않고 술을 마시거든."

"마를로, 너는 '믿음 유지' 라는 것을 해보는 게 좋겠어. 그거야말로 움직이는 기도이자 최고의 믿음이거든. 그것은 '사람을 가능성의 영역 안에 있다고 믿을 수 있는' 역량인데, 그 영역에서는 모든 것이 가능하고 당사자가 갖고 있는 최선의 것이 발휘될 수 있어. 너는 제리가 술을 끊고 정상적인 생활로 돌아올 수 있다고 믿을 수 있니?"

내가 물었다.

"어느 정도 기적이 일어나지 않는 한 안 될 거야."

그녀가 솔직하게 이야기했다.

"알았어. 그럼 네가 보기에, 나는 네 남편이 완벽하게 치료해서 술을 끊을 수 있다는 믿음을 유지할 수 있다고 생각해?"

나는 그녀에게 물었다. 마를로는 그건 그럴 수 있겠다고 말했다. 나는 그녀에게 제리가 술 마신다는 생각이 떠오를 때마다, 제리가 변하는 모습을 상상하는 나를 떠올리라고 말했다. 나는 그녀에게 마음의 근심을 '영혼 이해'로 전환시켜 장애를 치워버리는 것이 중요하다고 말했다. 그 결과 마를로는 남편의 변화 가능성에 대한 저항감이 너무 커서 새로운 가능성을 짐작조차 못하더라도, 적어도 남편의 변화 가능성을 믿는 나를 상상할 수는 있었다.

"이렇게 하는 것은 일종의 다이빙이야."

나는 그녀에게 믿어보라는 듯 가볍게 미소 지으며 말했다.

"은총 속으로 뛰어내리는 2인조 다이빙이지."

우리는 그런 식으로 한 달간 생활해보고 다시 만나 점검해보기로 했다. 한 달 뒤 마를로를 만났을 때 그녀는 무척이나 기쁜 얼굴이었다.

"이것을 어떻게 생각해야 할지 모르겠어."

마를로는 거의 숨도 쉬지 않고 말했다.

"제리는 거의 닷새 동안 술을 한 방울도 입에 안 댔어! 그뿐이 아니야! 우리는 한 가지 이벤트를 하고 막 돌아왔는데, 그는 술을 전혀 마시지 않았어. 너는 믿음 유지 작전이 남편의 그런 변화와 관계있다고 생각하니?"

"너는 어떻게 생각하는데?"

나는 그녀에게 되물었다.

"나는 이 작전이 기적을 일으키는 온상이라고 생각해. 처음 3주일 동안에는 큰 변화가 없었어. 물론 나는 조금 달랐지. 제리가 술잔을 들고 있을 때마다 나는 다이애나, 그에 대한 믿음을 유지하는 너를 생각했어. 나는 그를 판단하거나 그와 거리를 두는 대신 특별한 이유도 없이 희망을 느끼기 시작했어. 나는 그를 조금 더 인정하고 그에게 더 많은 애정을 갖게 되기까지 했어.

지난주에 우리는 밤늦게까지 이야기했어. 정말 오랜만이었어. 우리는 그의 음주에 대해서도 이야기했어. 나는 그의 상습적인 음주가 우리 사이에 틈을 만들어놓기 전의 옛날을 얼마나 그리워했는지 말했어. 그리 많이 이야기하지는 않았지만 제리는 벌써 닷새 넘게 술을 마시지 않고 있어."

마를로와 제리에게 이것은 시작에 지나지 않았다. 우리는 그 후 30일짜리를 더 했고 그 뒤에 한 번 더 했다. 그 기간 동안 제리는 천천히 좋아졌다. 거의 1년 뒤, 제리는 수개월 동안 술을 마시지 않았고 그들의 관계는 더할 나위 없이 좋아졌다. 마를로는 그것이 기적이라며 "너무 좋아서 사실 같지 않다."고 말했다. 나는 그것이 '완벽하게 좋은 확실한 사실'이라고 생각하라고 말해주었다. 어쩌면 남편에 대한 생각을 기꺼이 바꾸려는 마를로의 적극적인 태도가 가장 큰 기적이었을 것이다. 그녀의 태도가 연쇄반응을 일으켜 그가 술을 뒤로하고 전혀 새로운 세계에 발을 들여놓을 수 있도록 지원했기 때문이다.

건강한 낙관의 실행

> "부정적으로 대응하는 사람이 자식을 긍정적인 사람으로 키울 수는 없다."
> _ 제럴드 잼폴스키

낙관을 바라보는 가장 일반적인 시각은 인생에 대한 허황된 시각이라는 것이다. 대단히 긍정적인 낙관주의자는 "나는 매일 매일 모든 면에서 조금씩 조금씩 좋아지고 있어."와 같은 말로 규정된다. 어떤 경우에는 그것이 낙관주의로 통할 수 있겠지만 낙관주의보다 부정과 더 관련이 있을 수도 있다. 부정은 있는 그대로의 현실과 마주하기를 거부하는 것이며 어떤 암울한 상황도 허황되게 낙관적으로 해석할 수 있는 능력이다.

    건강한 낙관은 사물을 있는 그대로 보지 못하는 것이 아니다. 오히려 건강한 낙관은 상황을 직시하고 현재 실행되고 있는 것과 필요한 것을 파악할 수 있는 능력이다. 낙관의 바탕은 동기를 부여하는 말 같은 것에 있지 않고 현실 세계에서 생각하고 살아가는 방식에 있다. 건강한 낙관은 한계와 장애가 있기는 하지만 실현 가능한 것에 대한 불굴의 도전이다. 건강한 낙관의 두 가지 주요 특징은 아래의 사항에 대한 집중이다.

1. 실행되고 있는 것이 무엇인가?

    건강한 낙관을 갖고 있으면 자신, 다른 사람들 그리고 세계에 있는 좋은 점을 발견하고 인정한다.

2. 필요한 것이 무엇인가?

    건강한 낙관을 갖고 있으면 지혜를 구하고 해결책을 찾으려고 노력한다.

부모는 태도 하나만으로도 아이들에게 엄청난 정신적·감정적 영향을 미친다. 우리가 건강한 낙관을 삶의 방식으로 선택하면 아이들이 잘못을 저질러서 바로잡아야 할 때조차도 격려와 지원을 하게 된다. 건강한 낙관을 갖고 있는 아이들은 평생토록 보약이 되는 긍정적인 특질을 발달시킨다. 아래의 본보기는 부모가 하루 동안 아이들과 가질 수 있는 상호작용의 몇 가지를 나타낸 것이다. 낙관적인 접근과 비관적인 접근에 근거하여 아이에게 전달되는 메시지의 극적인 차이점을 주목해보아라.

비관적인 양육(부정적인 것에 초점)

- 너는 내 말을 한마디도 안 듣는구나!
- 너는 미술에는 도무지 재능이 없어.
- 네 방은 언제나 돼지우리 같아!
- 너는 지독하게 멍청해!
- 어째서 뭐 하나 제대로 하는 게 없니?
- 하는 짓을 보면 네 누나와 똑같이 못됐어.
- 버릇없어 못쓰는 자식!
- 너는 늘 불만이구나!

낙관적인 양육(가능한 것에 초점)

- 내 말을 들어주면 좋겠어.
- 지금은 미술이 너한테 맞지 않는 모양이다.
- 네 방에 신경 좀 써야겠어.
- 계속 노력하면 잘할 수 있어.
- 네가 정신 차리기만 하면 잘할 수 있어.
- 네가 옳은 방향으로 나아가기 위해 집중한다면 너는 할 수 있어!
- 말과 행동을 조금만 조심하면 훨씬 귀여움을 받을 거야.
- 너는 어떻게 하고 싶니?

비관적인 양육(부정적인 것에 초점)	낙관적인 양육(가능한 것에 초점)
· 네가 징징거리는 것을 도저히 참을 수 없어! · 됐어! 너라면 이제 진절머리가 나! · 너 오늘 가게에서 그게 무슨 못된 짓이야! · 이거 잊어버리면 혼날 줄 알아!	· 침착하게 똑바로 말해봐. · 잠깐 쉬는 게 좋겠다. 나중에 이야기하자. · 가게에서는 네가 나 좀 도와주면 좋겠어. · 잊지 말고 그것을 해야 한단다. 중요한 일이야. 너를 믿는다.

부모는 아이들의 인생에 엄청난 영향을 미치기 때문에, 로욜라 대학교에서 실시된 장기간의 연구에서 비관적인 아이는 거의 예외 없이 비관적인 가정에서 나온다는 사실이 밝혀졌다는 것은 전혀 놀랄 일이 아니다. 마찬가지로, 낙관적인 아이들의 주변에는 흔히 긍정적인 측면에 집중하는 성인들이 있었다. 어떤 아이가 부모나 가까운 어른들로부터 잘하고 있는 것 또는 잘못하고 있는 것을 반복적으로 들을 때, 무수히 많은 사고 형태들이 견고하게 확립된다. 이윽고 비관적 또는 낙관적 시각이 내면화되고 아이는 일상적인 삶의 많은 것들을 그런 사고의 필터를 통해 보기 시작한다. 아래에 몇 가지 본보기들을 나열했다.

비관적인 아이 (잘못된 것과 빠뜨린 것을 본다)	낙관적인 아이 (실행되는 것을 보며 해결책을 찾는다)
· 나는 새 학교에서 절대로 친구를 사귀지 못할 거야. · 우리 아버지는 이 세상에서 가장 비열해! · 존은 나를 미워할 거야. 걔는 더 이상 나와 사귀지 않을 거야.	· 친구를 사귀려면 시간도 걸리고 내가 친해지기 위해 노력해야지. · 아빠는 지금 기분이 안 좋아. · 존은 지금 나한테 무척 화가 나 있어. 나는 어떻지? 내가 달리 무엇을 할 수 있을까?

비관적인 아이	낙관적인 아이
(잘못된 것과 빠뜨린 것을 본다)	(실행되는 것을 보며 해결책을 찾는다)
· 내가 멍청해서 시험을 망쳤어!	· 성적을 올리려면 조금 더 열심히 공부할 필요가 있어.
· 내 친구들은 나의 기분을 상하게 하려고 놀려.	· 내 친구들이 나를 놀리는 것은 단지 그렇게 하는 것이 멋있다고 생각하기 때문이야.
· 나는 수학을 못해. 앞으로도 절대로 잘하지 못할 거야!	· 수학 점수를 올리려면 공부를 더욱 열심히 해야겠어.
· 모든 사람들은 내가 정말 뚱보라고 생각해.	· 나는 살을 뺄 준비가 되어 있고 건강해질 거야.

낙관은 후천적인 학습이기 때문에 명랑한 마음을 가지면 일상생활의 여러 순간에 낙관적인 시각을 발휘할 수 있을 것이다. 여기에 그렇게 하기 위한 몇 가지 방법이 있다.

건강한 낙관을 개발하기 위한 다섯 가지 방법

1. 순조롭게 되는 최소한 한 가지 일을 매일 사랑하는 사람과 함께해라.
2. 하루에 세 명을 칭찬하거나 인정해주어라. 조금 더 매진하고자 한다면 만나는 모든 사람들에게 진실한 칭찬을 해주어라.
3. 매일 저녁, 잠자리에 들기 전에 낙관주의자의 세 가지 질문을 자문해보아라. 무엇이 좋았는가? 무엇이 되고 있는가? 내 인생에서 무엇이 필요한가?
4. 매일 한 가지 과제를 정하여 그것을 고차원적인 시각으로 보아라. 거기에서 교훈을 발견하여 그것을 성과로 인정할 수 있도록 해라.
5. 온 가족이 자발적으로 기입하는 감사장을 만들어라. 일주일에 적어도

하루는 온 가족이 함께 그것을 크게 읽어라.

비관주의의 위험

"지금까지 비관주의자가 별의 신비를 밝혀내거나 미지의 땅으로 항해하거나 인간 정신에 대한 새로운 경지를 연 적은 없다."

_ 헬렌 켈러

안타깝게도, 미국의 어린이들은 비관주의가 전염병이 되어버린 시대의 한복판에 있다. 게다가 그 전염병은 비판적인 성인들, 슬픈 노래 가사, 티셔츠에 새겨진 분노의 문구, 폭력·살인·사기 등으로 가득 찬 영화 및 텔레비전 쇼 등을 통해 한층 강화된다. 어른들의 기본적인 책무는 이런 좋지 않은 생활방식이 아이들에게 내면화되지 않도록 막는 것이다. 비관주의가 미치는 영향은 단순히 마음이 언짢다거나 어려운 시기보다 훨씬 더 심각하다. 비관주의는 그 영향이 멀리까지 미치는 고치기 힘든 사고방식이다. 비관주의적인 아이들은 포기, 건강 악화, 학업 부진, 친구 사이의 갈등, 외로움, 분노, 마약, 자학, 자존심 위축을 경험한다.

 비관주의는 일상생활에서 늘 나타나게 마련인 일반적인 성공과 실패의 반복으로는 감소되지 않는다. 그러기는커녕 장애물을 만날 때마다 강화되며, 불길한 예감은 꼭 들어맞는다는 식의 자기실현 예감을 만들어낸다. 비관주의는 아이들의 선천적인 호기심과 즐거움의 감각을 좀먹어서 그들을 망설이고, 의심하며, 회의하게 만든다. 그것은 본질적으로 파멸적이며 새로운 관계, 사상, 기회를 회피한다. 비관적인 아이는 외떨어진 분리와 고립의 장소에 구멍을 파고 들어간다. 우리는 아이들이 자라면서 부닥치는 부정적인 영향들을 모두 막을 수는 없지만 다음과 같은 방법으로 우리의 태도를 점검하고 부정적인 습관들을 뿌리 뽑으려고 노력할 수 있다.

비관주의를 극복하기 위한 다섯 가지 방법

1. 무엇인가 부정적인 말을 할 때마다 어조를 바꾸어 '더 높이' 게임을 해라. 예를 들어 "오늘 날씨가 정말로 짜증나게 흐리다."라고 말했던 것을 이제 "집 안에서 어떤 일이든 끝마치기에 더할 나위 없이 좋은 기회로군!" 하는 식으로 더 높이 말해라.

2. 혼자 있을 때에는 자신의 사고방식을 꼼꼼히 살펴보고 비관적인 자세를 취하는 때를 인식해라. 그리고 조용히 자신에게 "바꾸어라."라고 말한 뒤, 어둡고 우울한 생각에서 지금 실행되는 것 그리고 지금 필요한 것에 집중하는 쪽으로 전환해라.

3. 비난, 욕설, 부정적인 말들을 사용했을 때에는 "취소!"라고 크게 말하며, 주위 사람들에게도 자신의 그런 말들을 큰 소리로 '취소' 시켜 달라고 부탁하여 그런 말들을 쓰지 않도록 해라. 이것을 부정적 사고들을 분쇄한다는 진지한 의도를 갖고 재미 삼아 해라.

4. 위의 세 가지 기법을 이용하여 생각이나 말 그리고 행동에서 30일 정신 다이어트를 해라. 정신적 무게를 몇 톤씩 뺀다는 의도를 갖고 그것을 실행해라.

5. 부정적인 사고에 사로잡혀 소리를 지르며, 비판하고 불평을 늘어놓고 있다면 10분 타임아웃을 실시해라. 자신이 부정적인 생각에 빠졌다는 것을 인식하지 못한다면 사랑하는 사람에게 10분 타임아웃을 요청해달라고 부탁해라. 그 10분 동안 자신에게 "이 상태를 호전시키기 위해 무

엇을 해야 하는가?"를 자문해라.

비관주의자 vs 낙관주의자

"낙관주의자도 비관주의자만큼이나 자주 잘못을 저지를 수 있다.
하지만 그들은 자기가 잘못하고 있다는 사실을 훨씬 더 즐겁게 알아낸다."

_ 작가 미상

낙관주의자와 비관주의자 중 자기가 어느 쪽에 가깝다고 생각하는가? 자녀는 어떤가? 우리들 가운데 다수는 두 가지 요소를 모두 갖고 있다. 하지만 두드러지게 한쪽으로 기운 사람도 있다. 다음 각 항목을 읽어보고 자신이 갖고 있는 모든 특징들을 체크해라. 한 가지 번호에서 두 가지 모두 적용된다면 두드러진 특징에 체크해라. 점검을 끝내면 아래의 채점표를 확인해라.

비관주의자

1. 건강한 역할 모델이 없다.
2. 잘못과 약점에 초점을 맞춘다.
3. 자존심이 약하다.
4. 최악의 경우를 상정한다.
5. 불쾌한 문제를 회피한다.
6. 자주 불평한다.
7. 비판하여 기를 꺾는다.
8. 권위자들에게 퉁명하거나 무례하다.

낙관주의자

1. 둘 이상의 건강한 역할 모델이 있다.
2. 단점을 스스로 고치고 장점을 개발한다.
3. 자존심이 강하다.
4. 최고를 기대한다.
5. 문제에 달려들어 해결책을 찾는다.
6. 자주 협력한다.
7. 다른 사람들을 인정하고 치켜세운다.
8. 권위자들에게 존경을 표하거나 공손하게 대한다.

비관주의자

9. 마음을 쉽게 열지 않고 폐쇄적이다.
10. 빈정대고, 신랄하거나 냉소적이다.
11. 도움 주기를 꺼린다.
12. 힘들 때 쉽게 포기한다.
13. 다른 사람을 위해 옹호하거나 수고하는 일에 관여하지 않는다.
14. 느낌을 억제한다.
15. 무뚝뚝하며 친절하지 않다.
16. 사람을 믿지 않으며 숨은 뜻이 있다고 생각한다.
17. 최고가 되기 위해 경쟁한다.
18. 빠뜨린 것에 집중한다.
19. 잘 모르는 것을 두려워하고 피한다.
20. 잘 우울해진다.
21. 분노를 품는다.
22. 도덕적인 고려를 거의 하지 않는다.
23. 일상생활에서 자기 관리가 잘 되지 않는다.
24. 중독에 빠지는 경향이 있다.
25. 무기력하고 열정이 없다.
26. 완고하고 소모적이다.
27. 부주의하거나 무모하다.
28. 성적이 좋지 않다.
29. 자제력이 약하다.
30. 미래에 대해 부정적인 태도를 갖고 있다.

합계 _____

낙관주의자

9. 따뜻한 마음을 가지고 열려 있다.
10. 유머가 있고 활기차며 재미있다.
11. 다른 사람들의 삶에 기여한다.
12. 끈기를 갖고 굴복하지 않는다.
13. 다른 사람들과의 관계를 유지한다.
14. 감정을 표현한다. 상처받기 쉽다.
15. 친절하며 매우 솔직하다.
16. 열린 마음으로 다른 사람들의 행동 동기를 배운다.
17. 최고인 사람과 경쟁한다.
18. 되는 것에 초점을 맞춘다.
19. 잘 모르는 것을 알아보고 시도해본다.
20. 정신이 건전하다.
21. 분노를 발전의 밑거름으로 삼는다.
22. 견고하고 분명한 가치를 열망한다.
23. 일상적으로 자기를 돌본다.
24. 약물 남용을 피한다.
25. 뜻을 품고 있으며 동기가 부여되어 있다.
26. 정력적이며 재미있다.
27. 성격이 강하고 호감을 산다.
28. 성적이 좋다. 더 많은 것을 이룬다.
29. 강한 자제력을 보여준다.
30. 미래에 대해 긍정적인 태도를 갖고 있다.

합계 _____

| 믿음을 갖고 낙관적인 태도를 유지해라

각 점수를 기록하고, 시간을 투자해 스스로 평가한 자신을 대견하게 여기며 자신을 향상시키도록 노력해라.

점수

· 5 이하 : 낮음

· 6~12 : 중간

· 13~20 : 높음

· 21 이상 : 매우 높음

비관주의 항목에서 높음을 기록했다면 모든 영역에서 희망의 싹을 발견하는 법을 배우는 데 매진해라. 지금은 매일 끔찍한 것과 되지 않는 것을 지적하기보다 '좋은 것과 되고 있는 것 what's wonderful and what's working'에 집중하는 '4W 클럽' 회원이 될 때이다. 낙관주의 항목에서 높음이 나왔다면 지금까지의 태도는 칭찬받을 만하다! 계속해서 긍정적인 시각을 가꾸고 새로운 고지를 향해 비상해라. 그 정도라면 여러 사람에게 영감을 주고 있으며 가는 곳마다 신선하고 활기찬 사고방식을 전달하고 있음이 분명하다.

실천 방안

1. 큰 믿음을 가져라.

자신이 처한 환경에서 무리하지 않고 자기에게 가장 중요한 믿음을 가져라. 믿고 너그럽게 넘기는 능력을 활성화시켜라. 부정적인 생각 속에서 습관적으로 걱정하는 무익한 태도를 버려라. 사랑하는 사람들을 위해 믿음을 유지하고, 어려움에 빠져 있는 사람들이 믿음을 갖도록 격려해라.

2. 건강한 낙관주의를 키워라.

낙관주의를 더욱 키워라. 앞에서 제시한 다섯 가지 방법 가운데 하나를 선택하여 몸에 밸 때까지 실천해라. 한 가지가 완전히 몸에 배면 또 하나를 선택해라.

3. 부정적인 생각을 뿌리 뽑아라.

비관주의를 극복하기 위한 다섯 가지 방법 가운데 하나를 선택하여, 주목할 만한 태도 변화가 나타날 때까지 진지하게 실행해라. 필요하다면 절친한 동료에게 도움을 구해라. 오래된 습관을 바꾼다는 것은 새로운 습관을 들이는 것보다 훨씬 더 고달플 수 있기 때문이다.

4. 낙관주의자 vs 비관주의자 점검을 해보아라.

비관주의 점수를 낮추고 낙관주의 점수를 높이겠다고 목표를 정해라. 가능하다면 믿을 만한 사람에게 낙관주의 및 비관주의 점수를 매겨달라고 부탁하여, 직접 매긴 점수와 비교해보아라.

※ 아이들이 보내는 메시지
"믿음과 낙관주의에 대해"

사랑하는 엄마, 아빠.
두 분이 보여주는 태도와 믿음들은
우리의 시각에 엄청난 영향을 미칩니다.

두 분이 의심이나 걱정에서 나오는 행동을 할 때
우리는 불신과 의혹을 배운답니다.
두 분이 확신에 찬 생활을 할 때
우리는 믿음을 가지는 법을 배운답니다.

두 분이 잘못을 찾는 데 골몰할 때
우리는 비관주의를 배운답니다.
두 분이 잘하는 것을 보아줄 때
우리는 낙관주의를 배운답니다.

그러니 제발 믿음과 낙관을 가지세요.
그리고 긍정적이고 애정 어린 눈으로 지켜봐주세요.
우리는 우리의 장점을 발견할 것입니다.
그리고 다른 사람에게 있는 장점까지 발견할 것이랍니다.

12 조건 없는 사랑을 베풀어라

조건 없이 사랑해주세요.
좋을 때나 나쁠 때나.
우리가 소중한 존재임을 알고
세상에 더 많은 사랑을 가져다줄 거예요.

일이 잘 되어갈 때에는 서로 사랑하는 것이 간단하고 또 서로에게 만족을 주지만, 어려운 시기에는 사랑을 선택하는 것만큼 어려운 일도 없다. 우리는 자식들을 지속적으로, 무조건적으로 사랑함으로써 그들에게 많은 것을 가르치며, 우리가 고난의 와중에서 두려움을 이겨내고 사랑을 선택할 때 그들에게 한층 많은 것을 가르친다.

내 고객인 랠프와 캐롤린은 저녁 식탁에서 돈 문제로 자주 다퉜다. 하루는 랠프가 무심코 말했다.

"도대체 이번 달에도 돈이 모두 어디로 갔는지 설명할 수 있겠어?"

"당신이 이렇게 말하는데도 내가 당신을 더욱더 사랑하는 까닭을 더 이상 설명할 수 없는걸요."

캐롤린은 미소와 함께 대답했다.

아이들은 놀란 눈으로 쳐다보았고 랠프와 그의 아내는 자신도 모르게 키

득거리다가 서로를 껴안았다. 그들은 그때 그 자리, 한바탕 가슴을 쓸어내린 자식들 앞에서, 그들의 재정 고문이 강력하게 추천한 대로, 돈 때문에 다투기를 중지하고 한 달 사용 계획을 세워서 지키기로 했다. 언짢은 일에 조그만 사랑의 행동으로 반응함으로써 캐롤린은 무의식적으로 반복되던 싸움을 중지시키고 남편이 그들의 사랑을 다시 한 번 생각하게 만들었다.

우리 동네에 사는 훌륭한 초등학교 교사인 엘리자베스는 지나치게 활력이 넘치는 반 학생들 때문에 힘든 나날을 보내고 있었으며 상황은 악화일로를 걷고 있었다. 어느 날, 보통 때라면 짜증이 잔뜩 담긴 목소리로 학생들을 꾸짖거나 말썽을 부리는 학생들에게 마구잡이로 방과 후 학교에 남아야 한다고 벌을 내릴 상황에서, 엘리자베스는 숨을 깊이 들이쉬고 나서, 진정한 교사라면 반 학생 하나 하나를 전부 사랑할 수 있어야 한다는 사실을 스스로에게 되새겨주었다. 교실을 둘러보니 학생들이 시끄럽게 떠들면서 서로 장난치고 있었다. 그녀는 자신에게 말했다.

'그래, 지금이 바로 사랑이 필요한 순간이야.'

그 순간이 사소하게 보이기는 했지만, 그 이후 반 아이들도 놀랐고 그녀도 아이들만큼 놀랐다. 그녀는 학생들을 향해서 말했다.

"좋아요, 여러분. 나는 여러분 모두를 이만큼(팔을 최대한 넓게 뻗으면서) 사랑하니까 사랑의 휴식 시간을 갖도록 해요. 이제부터 몇 분 동안 모두 일어서서 손과 발 운동을 하고, 주변을 걸어다니고, 친구들에게 여러분이 좋아하는 것들에 대해서 이야기해보세요."

엘리자베스는 예상치 못했던 자신의 행동에 스스로 놀랐다. 분명히 그것은 그녀가 미리 생각해둔 것은 아니었다. 더욱 놀라운 것은 그녀의 제안이 가져온 결과였다. 학생들은 서로 하이파이브를 하고 밝게 웃으면서 진정한 감정을 나누었다. 심지어 몇몇 학생들은 그녀에게 다가와 포옹을 하거나 인사를 하여 감동을 안겨주기까지 했다. 한 남학생은 그녀에게 다가와서 말했다.

"선생님 말을 듣지 않아서 미웠을 텐데 오히려 사랑을 베풀어주셔서 감사합니다."

엘리자베스는 값으로 따질 수 없는 귀한 선물을 받았다고 생각하고, 앞으로 학생들이 말썽을 부려도 사랑으로 대하겠노라고 결심했다. 그리고 실제로 그 결심을 지켰다. 그 결과 그녀는 학교에서 가장 인기 있는 교사가 되었으며 결국 '올해의 교사상'까지 받았다.

열여섯 살 소년 랜디와 그의 어머니 베브는 랜디의 상습적 마약 사용을 두고 심각한 갈등을 겪고 있었다. 랜디의 어머니는 아들의 호주머니에서 세 번째로 분말 흥분제를 발견하고는 아들의 건강이 걱정되기도 하고, 아들이 진실을 이야기하지 않은 데 대한 섭섭함도 겹쳐 냉정을 유지할 수 없었다. 집에서 내쫓고 차도 없애버리겠다고 으름장을 놓은 베브는, 그러나 아들이 의자에 구부리고 앉아 얼굴을 손에 묻고 있는 모습을 보자 한편으로 안됐다는 생각이 밀려왔다.

"솔직히 말해서, 나는 이 일을 어떻게 처리해야 할지 모르겠다."

베브가 랜디에게 다가가 말했다.

"하지만 네가 무슨 일을 하더라도 내가 너를 매우 사랑할 거라는 것은 알고 있단다."

그녀는 하염없이 눈물을 흘리며 말했다. 그녀의 말은 무척이나 진지했고, 아들은 마침내 마음을 열고 어머니에게 말했다. 자기도 어찌해야 할지 모르겠으며, 어떻게 살아가야 하고 문제에 어떻게 대처해야 할지 아무 생각도 나지 않는다고 털어놓은 것이다. 베브는 한마디도 하지 않았다. 그녀는 그저 손을 뻗어 180센티미터가 넘는 아들을 안고, 아버지의 부재에 따른 고통, 학교에 잘 적응하지 못해서 생기는 좌절감, 2년 넘게 짝사랑해온 소녀의 관심을 끌지 못하는 슬픔 등 사춘기 소년의 고통을 털어놓는 아들의 이야기를 묵묵히 듣기만 했다.

랜디의 어머니가 아들에게 표현한 연약한 마음씨와 사랑은 그 전까지 두 사람이 빠져 있었던 비난과 창피라는 악순환의 고리를 끊고 아들이 어머니에게 마음속에 있는 말을 할 수 있는 여유를 만들어주었다. 그것은 마약에 빠져 있는 아들에게 손길을 뻗치는 의미 있는 첫 번째 단계였다. 시간이 지나면서 모자는 의사에게 치료를 받고 집에서는 마음을 털어놓는 대화를 더욱 많이 나누었다. 랜디는 어머니와 더욱 솔직하게 이야기할 수 있는 용기를 냈으며, 어머니는 창피를 주거나 꾸짖지 않고 이해하는 방식으로 랜디에게 이야기하는 법을 배웠다. 마침내 랜디는 마약을 끊을 수 있었다. 베브는 아들에게 마음에서 우러나오는 말을 한 순간부터 상황이 좋은 방향으로 흐르기 시작했다는 것을 알고 있다.

나의 동료 패트리샤와 번은 사랑의 행동을 함께하고 있다. 그 덕분에 그들은 25년 결혼 생활 내내 친밀한 관계를 유지하고 있다. 그들은 말다툼을 시작할 때에는 언제나 '얼마나 높이-얼마나 빨리'라는 놀이를 한다. 그것은 '우리가 이 위로 얼마나 높이 오를 수 있는가, 얼마나 빨리 거기에서 내려올 수 있는가'를 줄인 말이다. 그들의 설명에 따르면 그 놀이는 서로에게 자기 관점에서 한 걸음 벗어나 사랑으로 돌아오라고 요구하는 방법이다.

당면한 쟁점에서 먼저 내려오거나 그 문제 위로 더 높이 올라가는 사람이 놀이의 승자이다.

"이 아이디어는 아인슈타인에게서 얻었어요. 아인슈타인은 문제가 발생한 것과 같은 수준에서는 해결될 수 없으며, 문제를 해결하려면 더 높은 수준의 통찰력이 요구된다는 사실을 알고 있었습니다. 이 아이디어가 단순하게 보일지 모르지만 절대로 쉽지 않습니다. 더욱이 저항이 크고 둘 다 자기가 옳다고 확신할 때에는 특히 그렇죠. 이 아이디어는 늘 새로운 각성을 얻기 위해 요구되는 첫걸음입니다."

패트리샤는 "이보다 더 높이 올라가자." 또는 "우리 모두 여기서 배울 게 있을 거야."라고 말하는 것, 아니면 당면 문제로부터 벗어나기 위한 즐거운 방법으로 역할을 바꾸어 상대방의 시각을 가져보는 것만큼 활력을 주는 것은 없다고 느끼고 있다. 패트리샤와 번은 모두 작지만 의미 있는 그 놀이가 그들이 수년째 공유하고 있는 가장 위대한 사랑의 행위 가운데 하나라고 여기고 있으며 가족들에게도 전해주고 있다.

사랑의 속도로 살아라

"사랑에는 치료약이 없다. 더 사랑하는 것 외에는."
_ 헨리 데이비드 소로

몇 년 전에 나는 캘리포니아 샌디에이고에서 사랑의 센터를 건립한 스콧 펙과 섀넌 펙 및 친구들과 함께 모임에 참석하여 사랑에 대한 깊은 교훈을 배웠다. 중요한 행사가 다가오고 있었는데 센터 관련자들은 스콧과 섀넌이 발간 예정인 책을 마칠 수 있을지 궁금하게 생각했다.

"여러분이 끝내지 않으면 큰 기회를 잃을 것입니다."

한 사람이 이렇게 말하자 또 한 사람이 물었다.

"당신은 행사에 맞추어 책을 끝낼 수 있습니까?"

스콧은 숨을 깊이 들이마시고 그녀의 눈을 똑바로 쳐다보더니 또박또박 말했다.

"내가 할 것은 이것입니다. 사랑의 속도로 움직이는 것."

침묵이 흘렀고 우리 모두는 말없이 서로를 쳐다보았다. 사랑의 속도? 그것은 사랑 자체와 마찬가지로 단순하면서도 심오했다. 스콧은 해야 할 일을 하고 있었다. 최종 결과물로서가 아닌 유일한 결과물로서의 사랑으로.

사실 부모, 아이, 교사, 공무원 또는 유엔 회의에 참석하는 지도자들이 모든 일을 사랑의 속도로 한다고 상상해보아라. 얼마나 더 많은 사람들이 주변의 아름다움을 느끼기 위해 발걸음을 멈출지, 얼마나 많은 부모와 아이들이 공원에서 재미나게 놀지, 살면서 정말로 중요한 것은 그리 많지 않다는 것을 우리가 얼마나 자주 기억할지를 상상해보아라.

매일 사랑의 속도로 살아가는 것은 좋은 습관이 될 것이다. 우리가 사랑을 우리의 진정한 목적 가운데 하나로 보지 못할 때, 우리는 자신에게 사랑의 속도로 움직이라고 일깨워줄 수 있다. 그래서 사랑의 속도로 움직이면 그날은 어김없이 훨씬 더 편안하고 경이로운 날이 된다. 우리가 사랑의 속도로 움직이면, 우리의 사랑과 관심을 가장 필요로 하는 일에 더욱 관심을 가질 수 있다. 사랑의 속도로 살라는 것은 우리가 나누어줄 수 있는 모든 삶의 교훈 중에서도 가장 널리 전해주어야 할 것이 되어야 한다.

사랑의 편지가
일으키는 기적

"사랑은 비 온 뒤의 햇빛처럼 기분을 북돋운다."
_ 윌리엄 셰익스피어

사람은 다른 사람의 어떤 점을 충분히 인정하면서도 칭찬에는 인색하다가 뒤늦게 후회를 하는 일이 많다. 사랑하는 사람이 죽은 뒤에 그를 찬양하기보다는 살아 있는 동안 칭찬하는 것이 훨씬 좋지 않을까? 사랑의 편지를 쓰는 단순한 행위는 별것 아닐 수도 있지만 그것을 주고받는 사람들에게는 인생이 바뀌는 사건이 될 수도 있다.

45세로서 두 아이의 어머니인 질은 아버지의 생일을 맞아 사랑의 편지를 쓰기로 했다.

저는 아버지께 고마운 제 마음을 전하는 편지를 쓰기로 했습니다. 저는 아버지께 "아버지는 늘 내 인생의 가장 밝은 빛 가운데 하나였다."고 말씀드리고, 지금까지 제 곁에 머물고 있는 무척이나 귀중한 두 가지 선물, 즉 무조건적인 사랑과 뛰어난 유머 감각을 제게 주신 데 대해 특별히 감사를 드린다는 말도 넣었죠. 저는 아버지께 그런 편지 쓰는 것을 조금 망설였습니다. 아버지는 감정이 많이 개입되는 것을 쑥스러워하셨기 때문이죠. 그런데도 저는 영원히 오지 않을지도 모르는 미래의 어떤 날을 기다리기보다는 바로 지금, 제게 아버지가 어떤 의미인지 말씀드려야 한다고 느꼈습니다. 저는 쑥스러움과 자존심을 무릅쓰고 제가 정말로 느끼는 바를 아버지께 말씀드리기로 결심했어요.
저는 아버지 생신에 아버지 댁을 찾아가서 탁자 위에 편지를 놓고 아

| 조건 없는 사랑을 베풀어라

버지 혼자 계실 시간을 주기 위해 밖으로 나갔다가 몇 시간 뒤에 돌아왔습니다. 집에 들어오면서 저는 아버지가 딸에게서 받은 그 놀라운 편지에 대해 그리고 그 편지가 아버지의 생애를 얼마나 밝게 해주었는지에 대해 들뜬 목소리로 전화하는 것을 우연히 들었습니다. 저는 직감에 따랐던 제 행동을 무척이나 대견스럽게 생각한답니다. 그 편지가 아버지께 드린 제 마지막 선물이 되었기 때문에 그 마음은 더욱 컸죠. 아버지는 제가 그 편지를 쓰고 나서 두 달 뒤에 돌아가셨습니다. 저는 아버지 생전에 마음에 있는 말을 했다는 사실에 큰 평안을 느꼈답니다. 그 덕분에 장례마저도 조금 더 쉽게 치러낼 수 있었죠.

나는 질의 이야기를 듣고 깊이 느끼는 바가 있어 아버지날 카드에 '내가 사랑하는 우리 아버지의 모습'이라는 제목의 시를 써서 보내기로 했다. 내가 사랑하는 우리 아버지의 모습 열두 가지를 적는 데 걸린 시간은 단 5분이었다. 사랑하는 아버지의 모습들을 적는 데 얼마나 펜이 빨리 움직이는지 나 자신도 놀랄 정도였다. 카드를 보내고 나서 나는 깊은 평온과 만족을 느꼈지만 한편으로 그렇게 간단한 일을 하는 데 그토록 오랜 세월이 필요했는지 의아스럽기도 했다.

며칠 뒤, 나는 아버지날을 맞아 아버지에게 전화했다. 아버지는 정말 봇물처럼 말을 쏟아냈다. 아버지는 그 카드가 "귀중했으며"(이 단어는 아버지한테 좀처럼 듣지 못했던 단어였다), 벌써 몇 번이나 그 카드를 읽었다고 말했다. 다음은 내가 카드에 적은 시의 전문이다.

사랑하는 아버지

아버지는 친절한 마음씨와 건전한 사고방식을 가지셨죠.

자식을 위해 매일 기도하며,

나의 소중한 엄마를 사랑하고, 엄마도 그것을 잘 아시죠!

아버지는 훌륭하고, 재미있고, 명랑한 할아버지랍니다.

아버지는 모든 일에 신경을 쓰죠. 비록 말씀하시진 않을지라도.

자식들을 있는 그대로 인정하는 여유를 갖고 있으며,

우리들에게 음악, 자연, 원예, 새, 여행, 유머 등 많은 것들을 겪고 알도록 크나큰 사랑을 베푸셨죠.

아버지는 지금 일어나고 있는 일을 사랑하며 분발하는 분이랍니다.

곤궁에 빠진 다른 사람들을 도우며,

불우한 사람들을 동정하시죠.

아버지는 하늘이 내린, 대단히 멋진 영원한 우리의 아빠랍니다!

창조적인 중학교 교사 아비바는 학생들에게 매달 가족, 친구 또는 동네의 누군가에게 편지를 쓰도록 장려하는 '사랑의 편지 쓰기'를 교육 과정에 추가했다. 그녀는 학생들이 되도록이면 편지를 쉽게 쓸 수 있도록 편지지와 우표를 제공하기도 했다. 편지를 쓰는 목적은 자기 생활에 영향을 미치는 사람에 대한 사랑, 이해, 감사 등을 표현하는 것이었다. 학년 말이 되자 그녀의 반 학생들은 각각 의미 있는 사람들에게 최고 아홉 통의 편지를 썼다. 그것은 대부분의 사람들이 평생 쓰는 것보다도 많은 양이었다! 그녀의 반 학생들 가운데 다수는 진급한 뒤에도 편지 쓰기를 계속했다. 이 편지 쓰기는 지역 사회로부터 많은 호평과 감사를 받았다. 그래서 아비바는 이에 대해 진심 어린 감사의 편지를 받았다. 그녀는 그 편지들을 평생 소중히 간직할 것이다.

일곱 살짜리 소녀 마라는 언젠가 엄마가 아플 때 커다란 자줏빛 글씨로 짧고 달콤한 사랑의 편지를 써서 엄마 베개 밑에 넣었다. 마라의 엄마는 그 편지를 대단히 소중하게 여겨서 액자에 넣어두었다.

사랑하는 엄마에게

나는 깊은 바다보다 더 깊이
커다란 푸른 하늘보다 더 높이
그리고 온 세상보다도 더 널리 엄마를 사랑해요!
나는 엄마를 나의 엄마로
나를 엄마의 딸로 만들어주신 하느님께 감사해요.
나는 온 마음을 다 바쳐 엄마를 사랑해요.

다음은 마흔아홉 살인 마티가 갑작스럽게 아버지를 잃은 직후 열다섯 살짜리 아들 셰인에게 쓴 편지이다. 마티는 아버지의 죽음을 슬퍼하면서 이제 다시는 아버지와 마음 터놓고 이야기할 수 없게 되었으며 진정으로 그를 알고 있지 못했다는 사실을 깨달았다. 그러다가 마티는 자기도 아들에게 똑같은 일을 반복하고 있음을 알게 되었으며, 아들의 사랑스러운 점에 대해 이야기해준 적이 없다는 사실도 깨달았다. 다음은 바로 그 아들의 인생을 바꾼 말들이다.

사랑하는 아들에게

이 늦은 시간에 조용히 홀로 앉아 돌아가신 네 할아버지를 그리워하고 있자니, 한편으로는 너와 대화를 나눈 지가 꽤 오래되었다는 사실이 떠오르는구나. 우리 사이에 서로 이야기한 적이 없었던 많은 일들도 같이 생각나고 말이다. 오래된 습관을 떨쳐버리기는 쉽지 않다지만, 나는 지난 15년 동안 네가 나한테 얼마나 큰 의미인지 이야기하는 데 게을렀구나. 지금과 같은 때가 또 올지는 아무도 모를 테지. 그래서 너한테 이렇게 글을 쓴다.

네 덕분에 나는 더 여유롭고 더 자주 웃는다. 네 덕분에 나는 동물 사랑하는 법을 더 많이 배운단다. 하물며 쥐나 뱀까지도 말이다! 네 덕분에 나는 기쁜 마음으로 네 야구팀에 지원했고, 네 덕분에 나는 결국 컴퓨터를 많이 배웠다. 네 덕분에 나는 길거리에서 농구 연습을 더 많이 하게 되었단다.

네 덕분에 나는 아버지라고 불릴 수 있는 행운을 가졌단다. 내가 늘 그렇게 훌륭한 사람은 아닌데도 말이야. 네 덕분에 나는 매일 일어나 일터로 가고 될수록 너를 멋지게 키우고 싶은 마음이 든단다. 네 덕분에 나는 매일 무릎을 꿇고 신에게 감사의 기도를 올린단다.

내가 아무리 바빠도, 내가 아무리 거칠게 보여도, 나는 좋은 아버지가 되는 방법을 여전히 배우고 있고, 네가 자라는 모습을 무척 자랑스럽게 생각하고 있다는 것을 알아주기 바란다. 무엇보다도, 너는 나의 전부라는 것 그리고 내가 비록 자주 표현하지는 않더라도 언제나 너를 사랑한다는 사실을 알아주면 좋겠다.

사랑을 담아, 아빠가.

처음에 셰인은 편지에 대해 아무 말도 하지 않았다. 하지만 며칠 뒤 마티가 잠자리에 들려고 하는데 노크 소리가 났다. 셰인은 그냥 '들어와서 잠깐 이야기를 나누기'를 원했지만 그들은 결국 셰인의 할아버지의 죽음 그리고 죽음에 대한 셰인의 두려움 등에 대해 한 시간 넘게 이야기를 나누었다. 그 다음 주에 마티와 셰인은 조금 더 마음의 문을 열었다. 일주일 넘게 지난 어느 날 아침, 셰인은 급히 학교로 가면서 아버지와 포옹하고 말했다.

"아 참, 아빠. 아빠 편지에 대해 고맙다고 인사하는 것을 잊었어요. 그 편지 정말 좋았어요."

놀랍게도 마티는 자기 편지를 받을 즈음 아들이 일정 기간 동안 우울한 상태에 빠져 있었고, 할아버지의 죽음으로 더 심해져 있었다는 것을 전혀 알지 못하고 있었다. 그리고 마티는 아들이 자기 편지를 받던 바로 그날 생을 마감하는 문제를 심각하게 고려하고 있었다는 사실을 꿈에도 생각하지 못하고 있었다. 그 편지는 셰인에게 잠시 동안 살아보는 것도 괜찮겠다는 생각이 들게 했고, 셰인이 오랫동안 잊고 있었던 어떤 것 즉 아버지가 자기를 진정으로 사랑하고 중요하게 여긴다는 사실을 되새겨주었다. 우리가 주고받는 사랑의 단어들은 절대로 작은 기적이 아니다.

사랑하는 것을
자주 떠올려라

"사랑은 마음을 넓히고 내면을 성숙시킨다."

_ 마거릿 워커

우리가 사랑하고 소중히 여기는 많은 것들 하나하나가 바로 우리의 삶을 은

혜롭게 하는 가장 영속적인 기적들이다. 우리는 이 일상의 기적들을 보지 못하는 경우가 많지만 우리가 가장 사랑하는 것들은 삶의 훌륭한 만병통치약이라고 할 수 있다. 여덟 살배기 에릭과 그의 어머니 베스는 개 세 마리를 데리고 아침 산책을 하면서 곧잘 그들이 사랑하는 것들을 열거한다. 그들은 그 일을 '내가 사랑하는 것 행사'라고 부른다. 작지만 위대한 그들의 사랑 몇 가지를 살펴보면 아래와 같다.

나는 여름날의 아침 공기 냄새를 사랑한다.
나는 아빠의 호탕하고 큰 웃음소리를 사랑한다.
나는 이불이 뽀송뽀송하고 깨끗할 때 이불 안으로 들어가는 것을 사랑한다.
나는 나무에서 막 딴 잘 익은 아보카도의 맛을 사랑한다.
나는 새로운 곡을 바이올린으로 정확하게 연주할 때의 느낌을 사랑한다.
나는 참나리 향기를 사랑한다.
나는 개 세 마리가 함께 뒹굴면서 노는 모습을 보는 것을 사랑한다.
나는 아침에 느긋하게 즐기는 느낌을 사랑한다.
나는 빈 캔버스에 처음으로 색칠하는 것을 사랑한다.
나는 체육관에 간 이후에 내가 이룬 성취감을 사랑한다.
나는 해변을 따라 자전거를 타는 것과 살갗을 스치는 바람의 느낌을 사랑한다.
나는 뜨거운 차를 마시며 좋은 책 읽기를 사랑한다.
나는 숲에서 장시간 산책하는 것을 사랑한다.
나는 잘 모르는 어떤 사람에게 마구 친절을 베푸는 것을 사랑한다.
나는 잠든 아이 안기를 사랑한다.
나는 좋아하는 사람에게 오랫동안 안기는 것을 사랑한다.

| 조건 없는 사랑을 베풀어라

나는 정원에서 거닐기를 사랑한다.
나는 하루를 마치면서 점검 사항들을 따져보는 느낌을 사랑한다.
나는 뜻하지 않은 카드나 선물 받는 것을 사랑한다.
나는 따뜻한 집 안 난로 옆에서 눈 내리는 걸 보는 것을 사랑한다.
나는 온 가족과 함께 식탁에 둘러앉아 멋진 저녁식사를 하는 것을 사랑한다.
나는 도공의 돌림판을 돌릴 때 손에 닿는 진흙의 느낌을 사랑한다.
나는 저녁 기도를 한 뒤에 마음속에서 느껴지는 평화를 사랑한다.
나는 머리 감는 것을 사랑한다.
나는 내가 깼을 때 고마움을 느끼는 모든 것에 대해 생각하기를 사랑한다.

우리가 짧은 생애 동안에 사랑할 만한 가치가 있는 것은 무수히 많다. 사랑하는 사람들과 함께 그런 것들을 더 많이 생각할수록 인생은 사랑하는 것들로 더욱 채워지고, 자식들에게도 그렇게 하라고 더욱 장려할 것이다.

아이 사랑은 인생의 궁극적인 선물이다

"우리는 아이들의 아름다움과 행복에서 기쁨을 발견한다. 그 기쁨은 우리의 가슴을 마냥 부풀어오르게 한다."
_ 랠프 월도 에머슨

온갖 배경을 가진 다양한 연령층의 성인들과 함께 일하면서 나는 그들에게 일생에서 가장 큰 업적으로 삼을 만한 것 다섯 가지를 꼽아보라고 자주 말한다. 거기에서 재산 획득이나 대규모 투자 거래가 상위 5개 순위를 기록한 적은 한 번도 없었다. 세계적으로 유명한 관광지에 놀러갔다 온 것이 목록에 든 적도 없었다. 일을 잘해서 상을 받은 것이 목록에 든 적도 없었다. 목록에 오르는 것은 거의 예외 없이, 가족이나 다른 사람들을 잘 사랑한 것이었다. 그리고 자식 사랑은 늘 맨 윗자리를 차지한다.

한 아이를 진정으로 사랑하는 것은 얼마나 큰 성취인가! 부모, 삼촌, 할아버지, 양부모, 스승, 친하게 지내는 친구 가족 등 어떤 자격으로 아이를 사랑하든, 아이의 일생에 좋은 영향을 미치는 것만큼 보람을 느낄 수 있는 일은 거의 없다. 참사랑을 받은 아이는 그 사랑의 수천 수만 배를 세계에 퍼뜨린다. 참사랑을 받은 아이는 세계를 좀 더 좋은 곳으로 만들겠다는 뜻을 품고 자신의 재능과 시간과 노력을 바친다.

참사랑을 받은 아이의 열두 가지 특징과 그 뒤에 적힌 글귀들은 우리가 매일 매일 아이들을 끔찍이 사랑하면 그 아이들의 마음을 형성하는 데 어떤 기여를 하는지 일깨워준다.

참사랑을 받은 아이의 열두 가지 특징

참사랑을 받은 아이는

1. 안정적이다 : 걱정이 없고 안전하며 보살핌을 받고 귀여움을 받는다.
2. 호기심이 있다 : 새로운 경험, 배움, 미지의 것에 끌린다.
3. 기뻐한다 : 생활 속의 크고 작은 축복에서 기쁨을 찾는다.
4. 명랑하다 : 사람들과 잘 어울리며, 혼자든 다른 사람들과 함께든 잘 놀 수 있다.
5. 자신만만하다 : 자기의 재능과 능력에 대한 건전한 판단력과 믿음을 갖고 있다.

6. 위험을 각오한다 : 두려움을 극복하고 새로운 일에 도전한다. 예상되는 위험을 각오한다.

7. 회복력이 뛰어나다 : 실수, 좌절 그리고 징계로부터 금방 회복된다.

8. 진실하다 : 진지하고 꾸미지 않으며 자연스럽다.

9. 믿을 수 있다 : 말과 행동이 정직하고 신용이 있으며 믿음이 간다.

10. 원만하다 : 성격이 착하고 우호적이며 다른 사람과 잘 지내는 능력이 있다.

11. 성실하다 : 원숙하고 깨어 있고 철저하며 근면하다.

12. 자상하다 : 다정하고 잘 베풀며 용서한다. 자신과 다른 사람들을 사랑한다.

사랑은 비극을 더욱 큰 사랑으로 변모시킨다

"사랑의 빛은 순간 순간을 눈부시게 만든다."
_ 잘랄 앗 딘 알 루미

활기찬 파일럿이며 네 자녀의 아버지인 45세의 마이클은 비극을 더욱 큰 사랑으로 변모시키는 사랑의 힘에 대해 나와 같은 독특한 시각을 갖고 있다. 몇 년 전 그의 가까운 친구 잭이 몇몇 사람들과 함께 전용 비행기를 타고 알래스카로 날아가고 있었다. 잭은 평생 기억될 모험을 선사한다는 생각으로 십대인 아들 로비와 함께 갔다.

수시간 비행으로 피곤했던 비행사는 목적지까지 가기 전 마지막 기착지에서 비행기에 연료 보충하는 것을 잊고 말았다. 그들이 탄 비행기가 알래스카에 도착하기까지 몇 시간을 앞두고 바다 위를 나는 도중 연료가 바닥났고 비행기는 곧장 바다로 떨어졌다. 승객들은 천신만고 끝에 가라앉는 비행기에서 빠져나올 수 있었지만 비행기 잔해에서 조종사를 구하지는 못했다.

생존자들은 출렁거리는 파도 속에서 멀리 떨어져 있는 해안을 향해 헤엄치기 시작했다. 그 상태에서 어느 정도 기진맥진해질 무렵, 잭은 뒤를 돌아보았다가 로비가 페이스를 잃고 허우적거리는 것을 보았다. 그는 망설임 없이 돌아서 로비의 생명을 구하겠다는 일념으로 빠르게 헤엄치기 시작했다. 하지만 강력한 파도가 그들을 덮치는 바람에 그들은 순식간에 가라앉고 말았다. 해안에서는 알래스카행 비행기의 갑작스러운 추락으로 여행 동료들을 모두 잃은 유일한 생존자가 절망스럽게 그 모습을 지켜보고 있었다.

"정말 슬프군요."

마이클이 가슴 아린 침묵 속에서 이야기를 끝마쳤을 때 나는 그 말밖에 할 수 없었다.

"그 일을 어떻게 이겨냈어요?"

나는 눈물을 글썽이며 물었다.

"그는 당신에게 좋은 친구였어요. 그리고 당신 자신도 조종사였고 세 명의 아들이 있어요. 그런 일을 겪을 것이라고 상상할 수 있나요?"

"글쎄요."

그가 나지막이 대답했다.

"처음에는 정말로 견딜 수 없었어요. 하지만 시간이 지나면서 꿈에 무엇이 나타났어요. 그리고 지금은 그 일에서 평화로워졌답니다."

마이클은 꿈꾸듯 이야기를 계속했다.

삼키고 말겠다는 듯 몰아치는 거대한 파도에 휩쓸려 이제 빠져 죽기 직전이라는 것을 알았을 때의 그 충격을 상상해보십시오. 조금 있으면 죽는다는 것을 알고 있는 순간입니다. 당신은 아직 어린아이인데, 죽음이 코앞에 와 있음을 느끼는 거죠. 인생의 종말이 빠르게 다가오고 있음을 인식하면서 이제까지 경험했던 그 어떤 것과도 다른 공포의 물결을 느낍니다.

고독과 공포를 느끼는데……, 그때 멀리서 아버지가 보입니다. 아버지는 당신을 구하려는 일념으로 성난 파도를 뒤로 하고 미친 듯이 헤엄쳐오고 있죠. 그 순간, 당신은 듣도 보도 못했던, 앞으로 누구도 알지 못할 초월적인 순간을 경험합니다. 아버지가 당신을 향해 미친 듯이 헤엄쳐오는 찰나의 순간에 아버지와 눈길이 마주치죠. 그 순간 정신이 서로 이야기하는 것 같습니다.

"아버지, 저를 위해 목숨을 걸고 돌아올 만큼 저를 정말 그렇게 많이 사랑하나요?"

대답이 들려옵니다.

"그렇다, 아들아. 나는 너를 너무도 사랑하기에 얼마든지 내 목숨을 바칠 수 있구나. 너를 구하기 위해서라면 내 목숨이 대수겠니?"

"내 목숨이 대수겠니."
마이클은 경건한 마음으로 읊조렸다.
"나는 잭이 이제 아들과 함께 잘 있다고 확신합니다. 때때로 나는 마지막 순간에 그들이 겪은 것 같은 절대적이고 진실한 사랑이 무엇인지 상상합니다. 아마 그들과 천사들만이 알겠지요. 나도 한 가지는 확실하게 압니다. 이것이 바로 사람들이 목숨을 거는 종류의 사랑이라는 것을! 그리고 나도 말로 표현할 수 없는 그런 무조건적인 사랑의 순간이 온다면 목숨을 걸겠다는 것을! 우리가 운이 좋다면, 그와 같은 순간을 평생 몇 번은 경험할 수 있을 것입니다."

마이클은 사랑을 보기 정말 어려운 상황에서도 사랑을 발견할 수 있었다. 우리는 좋을 때뿐만 아니라 가장 어려울 때에도 사랑을 발견하고 축하하기를 요구받는다. 왜냐하면 결국 문제가 되는 것은 사랑이기 때문이다.

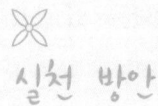
실천 방안

1. 어려운 순간에 사랑을 선택해라.

두렵거나 시련을 겪고 있을 때 사랑을 선택해보아라. 도무지 불가능해 보이는 상황에서도 사랑의 힘이 새로운 빛을 비추는 모습을 보게 될 것이다. 자신에게 일깨워주어라.

"지금이 바로 사랑이 가장 필요한 때이다."

2. 사랑의 속도로 살아가라.

매일 매시간 사랑의 속도로 살아가는 데 집중해라. 그리고 매일의 주제이자 불변의 목적인 사랑으로 삶에 대한 전혀 새로운 방식을 경험해라.

3. 1년에 몇 번 누군가에게 사랑의 편지를 써라.

몇 달에 한 번씩 누군가에게 사랑, 이해, 감사의 편지나 카드를 쓰고 자식들도 그렇게 하게 해라. 가족, 친구, 곤경에 처한 사람, 잊었던 사람, 고통을 겪고 있는 사람, 지역의 지도자, 스승, 대가를 바라지 않고 욕심 없이 주기만 하는 사람들에게 편지를 써라. 그것이 더 많은 사랑을 표현하는 가장 멋진 방법 가운데 하나라는 것을 알게 될 것이다.

4. '얼마나 높이-얼마나 빨리' 놀이를 해라.

자신이 맞고 상대가 틀렸다는 생각에 사로잡혔을 때에는 '우리가 이 위로 얼마나 높이 올라갈 수 있는가, 우리가 거기에서 얼마나 빨리 빠져나올 수 있는가' 놀이를 해라. 경쟁보다는 사랑의 정신으로, 누가 먼저 더 높은 시각에 도달하는지 그리고 누가 먼저 수치심과 비난의 순환에서 벗어나는지, 그리하여 서로에 대한 사랑과 존중과 긍정적인 관계로 돌아올 수 있는지 보아라.

🦋 아이들이 보내는 메시지
"사랑의 힘에 대해"

사랑하는 엄마, 아빠.
사랑에 대한 두 분의 가르침은
우리의 가슴에 영원히 새겨질 것입니다.

두 분의 사랑이 조건에 좌우될 때
우리는 우리가 사랑스럽지 못한 아이라고 느낀답니다.
두 분의 사랑이 지속적일 때
우리는 우리가 사랑스러운 아이임을 느낀답니다.

두 분이 거리를 두거나 냉담할 때
우리는 마음을 닫는 법을 배운답니다.
두 분이 다정하고 따뜻할 때
우리는 마음을 여는 법을 배운답니다.

그러니 부디 우리를 사랑한다고 말해주세요.
두 분이 말하고 행동하는 모든 것에서
우리는 사랑의 의미를 배울 것입니다.
그리고 우리는 두 분께 마음을 다할 것이랍니다.